Petit guide à l'usage des parents qui trouvent (à juste titre) que leur enfant est doué

DU MÊME AUTEUR
AUX ÉDITIONS PAYOT

Bien avec soi-même, bien avec les autres
Le livre des bonnes questions à se poser pour avancer dans la vie
Petit guide à l'usage des parents qui pensent (à juste titre) que leur enfant est doué
Réussir grâce à son intuition

BÉATRICE MILLÊTRE

Petit guide à l'usage des parents qui trouvent (à juste titre) que leur enfant est doué

PAYOT

Retrouvez l'ensemble des parutions
des Éditions Payot & Rivages sur

www.payot-rivages.fr

INTRODUCTION

Aujourd'hui, je reçois les parents d'Anne-Laure, huit ans. Voici ce qu'ils m'expliquent :

« Nous nous disions qu'avec le temps, ça allait s'arranger, mais finalement c'est de pire en pire. Scolairement, ça va. Sans plus. Et nous avons le sentiment d'un décalage avec la maison. Chez nous, elle est curieuse de tout, parle comme une grande, s'intéresse aux activités et aux jeux pour les plus grands. À l'école, c'est le sempiternel "peut mieux faire, ne se donne pas les moyens, fait le minimum". C'est vrai qu'elle n'aime pas les efforts et qu'elle préfère réussir du premier coup. Mais il nous semble qu'elle a des capacités à la maison, qu'elle n'exprime pas à l'école. Alors qu'elle possède une mémoire d'éléphant, à l'école elle répond souvent qu'elle ne sait pas. Et elle rêvasse.

» Sinon, c'est une petite fille qui peut être aussi charmante que désagréable. Si quelque chose ne colle pas à son idée, elle devient odieuse. Souvent, elle n'écoute pas et répond que, de toute façon, elle sait qu'elle a raison et que nous avons tort. C'est horripilant, surtout quand Anne-Laure s'adresse ainsi à son frère ou à sa sœur. Ou lorsqu'il est temps de partir à l'école et qu'elle est encore en train de jouer, alors qu'il faut s'habiller, ou qu'elle lit un livre quand il faut déjeuner.

» Nous pensions qu'au moins, à l'école, ça finirait par s'arranger, qu'une fois en primaire elle comprendrait qu'elle doit travailler. Mais c'est de pire en pire, et nous ne savons plus quoi faire. »

J'ai choisi d'ouvrir mon propos avec cet exemple parce qu'il me semble significatif de ce que vivent les parents de ces enfants. Des enfants doués qui n'expriment pas leurs capacités et qui, à un moment ou à un autre, se font dire par le corps enseignant qu'ils « peuvent mieux faire », phrase à laquelle est souvent accolée cette autre : « s'ils s'en donnent les moyens ».

La grande majorité des parents en concluent presque aussitôt que leur progéniture est fainéante, ne travaille pas – ou pas suffisamment. D'où les disputes, les cris et les colères qui, outre leur inutilité, enveniment une situation déjà compliquée.

Car ces enfants sont différents. Et pleins de bonne volonté. Ils aimeraient évidemment

« mieux faire », mais il faudrait pour cela qu'on leur donne le mode d'emploi.

En effet, et indépendamment des résultats scolaires obtenus, à côté de l'enfant qui sait ce qu'être élève veut dire et qu'il doit se concentrer pour écouter le professeur, travailler en essayant de toujours s'améliorer, on trouve l'enfant qui ne sait pas forcément ce qu'il sait, qui, entendant un bruit dans la cour, regarde par la fenêtre afin de savoir d'où il vient, et qui fait toujours plusieurs choses en même temps.

Son fonctionnement et surtout sa manière de raisonner sont différents.

Dans le premier cas, il s'agit d'enfants plutôt « scolaires ». Dans le second cas, il s'agit d'enfants plutôt intuitifs.

Cette différence semble être d'origine neurologique, et l'on a ainsi des enfants « neurodroitiers », ou intuitifs, chez qui c'est en quelque sorte l'hémisphère droit du cerveau qui préside au raisonnement, et des enfants « neurogauchers », ou rationnels, chez qui le raisonnement est sous contrôle de l'hémisphère gauche.

C'est ainsi, et de même que nous sommes droitiers ou gauchers, nous sommes neurodroitiers ou neurogauchers. L'un ne vaut pas mieux que l'autre. Il ne s'agit que d'une différence, mais importante à prendre en compte afin de permettre à nos enfants de grandir de manière épanouie.

Or cette différence n'est pas encore bien perçue et les enfants neurodroitiers se trouvent aujourd'hui dans le même cas que nos grands-parents gauchers : contrariés dans leur nature et leur essence.

J'ai écrit ce livre pour ces enfants, petits et grands, et leurs parents, afin de leur dire qu'ils fonctionnent très bien, mais différemment. Qu'ils savent très bien se concentrer, mais autrement. Qu'ils sont très bien structurés, mais d'une autre manière. Qu'ils peuvent très bien réussir, mais à leur façon.

Mais aussi qu'il leur faudra lutter contre la loi du plus grand nombre qui leur explique comment faire, mais comment faire pour les autres. À leurs parents et leurs enseignants de les aider à tirer le meilleur parti de leur potentiel, afin, bien sûr, de réussir leur parcours scolaire, mais aussi et surtout d'être bien avec eux-mêmes et de s'entendre avec les autres.

Non seulement c'est possible, mais ce n'est pas très difficile à réaliser.

Car cela correspond à un autre fonctionnement, tout aussi efficace mais différent, de par la forme de raisonnement qui est le leur, de par leur mode d'acquisition des connaissances, de par leur manière de travailler et d'appréhender la réalité.

Vous, leurs parents, trouverez dans ce livre tout ce dont vous avez besoin pour les aider.

Il vous faudra d'abord comprendre ce dont il s'agit exactement, qui est votre enfant et comment il fonctionne.

Vous apprendrez ensuite à éviter les écueils qui font « étiqueter » votre enfant d'autant de qualificatifs négatifs, dépréciateurs, dévalorisants – et surtout erronés.

Je mettrai alors à votre disposition une « boîte à outils » dans laquelle vous pourrez piocher en fonction des circonstances.

Grâce à elle, vous serez en mesure d'élaborer un certain nombre de stratégies avec votre enfant pour lui permettre de fonctionner à sa façon tout en répondant aux demandes de ses enseignants.

Et surtout, prenez vous-même le recul nécessaire afin de ne pas perdre de vue qu'il ne s'agit que d'un enfant, un enfant qui ne pense pas à mal, qui ne cherche ni à vous agacer ni à vous contredire. Un enfant différent, qui a conscience de sa différence, mais qui finit par aliéner sa personnalité pour « coller » au moule dominant.

Alors aidez-le, aimez-le, ayez foi en lui,

montrez-lui que vous savez qu'il est unique et que vous avez confiance en ses capacités.

Accompagnez-le sur le chemin qui est le sien, vous en ferez un enfant épanoui.

PREMIÈRE PARTIE

De quoi parle-t-on ?

Cerveau gauche, cerveau droit, de l'encre coule régulièrement sur le sujet, et continuera de couler.

Tromperie pour les uns, certitude pour les autres.

Tromperie pour les neurogauchers qui ne comprennent pas ce dont il s'agit, car ils fonctionnent autrement.

Certitude pour les neurodroitiers qui se reconnaissent pour la première fois, s'autorisant ainsi à penser qu'ils ne sont pas anormaux.

Bien sûr qu'ils ne le sont pas !

Mais certains des adultes que je reçois sont persuadés du contraire. Ils en sont arrivés à cette conclusion, car fonctionnant différemment dans un monde majoritairement autre, ils voient, depuis qu'ils sont tout petits, que rien de ce qu'ils font n'est conforme à la norme, à ce que font les autres. Ces autres qui expliquent en permanence que ce n'est pas comme cela qu'il faut faire ; qui comprennent, eux, le sens des questions ; qui savent, eux, comment faire un plan ; qui comprennent, eux, les blagues que racontent les copains ; qui ne font pas, eux, des devoirs hors sujet ; à qui l'on ne dit pas qu'ils sont hyperactifs, dispersés, instables, prétentieux, arrogants, je-m'en-foutistes, tire-au-flanc, hautains, ou qu'ils ne savent pas se concentrer, ou qu'ils ne sont pas structurés... bref, qui connaissent, eux, le mode d'emploi du monde dans lequel ils vivent.

Écoutons-les nous raconter ce qu'ils vivent. Et voyons ensuite ce qui se cache sous cette notion de préférence hémisphérique. Il pourra m'arriver d'être un peu caricaturale, mais c'est par souci didactique. Mon but est de poser les idées, sans entrer dans un jugement, car l'un et l'autre profils sont tout autant efficaces, en ce sens qu'ils aboutissent au résultat escompté, mais par un chemin différent.

CHAPITRE PREMIER

Ils nous racontent par des évidences

La très grande majorité des adultes que je reçois raisonnent de manière intuitive. Tous me parlent des difficultés qu'ils ont rencontrées durant leur scolarité : rester sans bouger pendant des heures, donner la mauvaise réponse à une question alors qu'ils connaissaient la bonne réponse, chercher une logique sans parvenir à la trouver.

Quant aux enfants, ce sont leurs parents qui me racontent leur désarroi devant des comportements et des attitudes qu'ils jugent négatifs et qu'ils n'arrivent pas à faire passer.

Ce chapitre se propose de passer en revue certains témoignages des enfants, des adultes et des parents qui me consultent.

Je vous les livre « bruts » volontairement, sans commentaires, et nous les retrouverons plus tard au cours des chapitres qui suivent.

Julie, trois ans. Sa maîtresse nous dit : « Elle est dispersée et manque de concentration : elle regarde par la fenêtre pendant que j'explique la consigne. »

Carl, quarante-sept ans. « Rester assis sans bouger a toujours été un calvaire. Pour cette raison, j'ai arrêté les études dès que j'ai pu. »

Émilie, vingt-cinq ans. « Je ne comprends pas, je vais pour passer mon examen de lettres classiques, dans le couloir je discute avec les copines, le sujet qui tombe est celui dont nous venons de parler, et je n'obtiens qu'un 5/20 ! »

Adrien, onze ans. « Je ne comprends rien à la géométrie. Le prof de maths nous demande de démontrer que le triangle est rectangle. Mais il n'y a rien à montrer, juste à regarder, ça se voit. C'est évident et je ne sais pas ce qu'il veut que je lui explique ! »

Julien, dix-huit ans, vient de passer le bac. « J'ai besoin que vous m'aidiez. J'entame à la rentrée des études supérieures et je sais que j'ai un problème qu'il faut que je règle. Jusqu'à présent j'ai toujours eu de la chance, mais maintenant, j'ai besoin de méthode.

J'ai révisé mon bac, l'ordinateur allumé, branché sur MSN et d'autres sites ; sur mes genoux une bande dessinée ; à droite un livre de Tchekhov ; devant moi mes cours. Vous êtes bien d'accord que j'ai un problème d'organisation, n'est-ce pas ? En plus je ne sais pas me concentrer, je m'éparpille, me disperse et n'arrive à rien ! »

Coralie, quatre ans. « Non, maman, je ne fais pas ce que tu me demandes, car je sais que j'ai raison et que tu as tort. »

Antoine, trente-quatre ans. « J'avais dix ans, une prof d'histoire me dit : "Toi, tu n'auras jamais la moyenne." Elle avait compris qu'il me fallait des challenges. Pour lui prouver qu'elle avait tort, j'ai eu 17/20. »

Thibault, quatorze ans. Son papa : « Quel flemmard ! Quel tire-au-flanc ! Il rentre de l'école et commence à faire tout et n'importe quoi. D'abord il goûte, puis il va jouer, ouvre son cahier de texte, lit sa leçon, et au lieu de se mettre vraiment à ce qu'il a à faire, il retourne jouer. Il perd un temps fou : cela me met hors de moi ! »

Augustin, dix-sept ans. « Les copains ? Bof. Que voulez-vous ? Ils ne pensent qu'à fumer, boire et parler des filles, vous trouvez ça intéressant, vous ? »

Jérôme, vingt ans. « À l'école, j'ai fini par être seul. Les copains me disaient sans cesse que j'étais prétentieux, que je cherchais à les écraser. En fait, je ne faisais que raconter ce que je faisais en dehors de l'école. »

Claire, quatre ans. « Non, papa, je ne raconterai pas aux copines que nous sommes allés voir les dragons pour le Nouvel An chinois, elles ne me croiront pas. »

Clémentine, huit ans. La directrice parle d'elle à sa maman : « Elle fait sa bébête avec ses copines, mais laissez-la faire. Elle sait bien ce qu'elle fait, et ainsi elle s'intègre au groupe. Mais ne vous inquiétez pas, quoi qu'on lui dise, elle l'enregistre définitivement. »

Guillaume, sept ans. Sa maman me dit : « Ils en étaient aux divisions, la maîtresse leur expliquait comment les poser, dessiner les barres, écrire la première ligne… Mon Guillaume dessine sa division et écrit son résultat en bas, sans étapes. La première réaction de la maîtresse a été de penser qu'il avait copié... elle a ri de cette pensée : Guillaume est presque non-voyant et ne peut certainement pas lire sur la feuille du voisin ! »

Delphine, treize ans. « Pour faire mon exercice de maths, j'écris l'énoncé, je laisse quelques lignes, j'écris le résultat, puis je remonte et j'écris le raisonnement : vous savez, ce n'est pas bien malin, une fois que vous avez compris ce qu'ils attendent de vous ! »

Thomas, cinq ans. « Maman, la maîtresse a demandé que nous apportions un verre pour boire. Non pas un comme ceux-là. Transparent. Non pas celui-là. Elle a dit un comme celui-là, en nous en montrant un, alors il faut le même. »

Élodie, vingt ans, étudiante en médecine. « Je dois apprendre mon cours de physiologie. Mais une phrase se rapporte à l'organisation du cerveau, alors je plonge dans un livre de neurologie (que je n'ai pas encore traitée). Là, on aborde le niveau moléculaire, alors j'ouvre mon cours correspondant. Ensuite, ça me ramène à la chimie, et me voilà en train d'essayer de comprendre la chimie organique. Pour finir, j'aboutis en physique. Total, je n'ai pas appris mon cours de physiologie ! »

Karine, treize ans. « Lorsque j'ai un devoir d'histoire à rendre, je lis le sujet, et je le laisse dans un coin de ma tête. Deux jours plus tard, je peux l'écrire tranquillement. »

Zoé, dix ans. Sa maman m'explique : « Écrire l'ennuie, elle trouve que les lettres ne sont pas jolies, alors elle les transforme toutes en dessins, en fleurs, en animaux. Évidemment, la maîtresse n'est pas contente. »

Louis, vingt-trois ans. « J'ouvre mon livre de chinois et commence à lire. Inexorablement, après une ligne ou deux, je ne peux pas m'empêcher de tourner les pages et d'aller lire un autre chapitre. Je reviens ensuite à ma leçon, relis deux ou trois lignes et recommence. Cela me demande un temps infini pour faire ce que les autres font en quelques minutes ! »

Aurélie, dix-neuf ans. « Le jour de l'épreuve d'histoire du bac, j'avais le choix entre deux sujets : l'un que je connaissais par cœur, l'autre que je ne pouvais pas traiter sans réfléchir, et qui me demandait du travail. Je n'ai pas voulu me “casser les pieds” et m'ennuyer pendant quatre heures, alors j'ai pris le second sujet. Au moins c'était intéressant. Bon, je ne m'en suis pas mal sortie : j'ai eu 12/20. J'aurais eu bien plus avec le premier, mais c'était trop simple. »

Lucas, douze ans. « On s'est pris en grippe avec la prof de français. Pourtant, à chaque début d'année, je leur laisse une chance aux profs : je ne pars jamais avec une idée négative. Mais elle, tout de suite, elle m'a eu dans le collimateur, parce que je regardais par la fenêtre, que je bougeais sur ma chaise, que je vidais mon cartable par terre et sur ma table, que je posais des questions lorsque je ne comprenais pas. Ça a été remarque sur remarque. Maintenant, j'en ai pris mon parti, je sais que je vais être nul en français. »

Émeline, vingt ans, en troisième année de lettres. « C'est incroyable, je viens seulement maintenant de comprendre qu'on attend de moi que je recrache ce que j'ai appris, et rien d'autre. »

Quentin, dix-sept ans. « Le prof de philo nous demande de plancher sur l'influence du courage sur la nature humaine. J'étais content de moi. J'ai d'abord essayé de définir la nature humaine, et arrivant à la conclusion que la nature humaine était indéfinissable, j'ai axé ma dernière partie sur le fait que le courage ne pouvait pas influencer quelque chose d'indéfinissable. Le prof a tout barré en rouge, et écrit en gros “Provocation”. Total, j'ai eu 2/20, alors vraiment que je m'étais donné à fond. »

Que nous disent ces exemples ?

Que nous nous trouvons face à des enfants qui sentent bien qu'ils sont différents, et qui ne savent pas mettre des mots sur cette différence.

Au lieu d'être reconnus dans leur différence, ils sont « catalogués » comme ne faisant pas ce qu'il est convenu d'attendre du plus grand nombre.

Ils se posent souvent la question de leur normalité et ne se sentent pas forcément bien acceptés, par leurs amis, leurs enseignants ou leur famille et ne sont donc pas toujours bien dans leur environnement.

Pourtant, ils ne sont que des enfants, qui donc ne pensent pas à mal, et qui cherchent juste leur place.

Vous, leurs parents, vous devez de ne pas rester passifs devant eux. À vous de les comprendre, pour être capables de les accompagner, en facilitant leur cheminement, en leur évitant des écueils que vous identifierez facilement en étant à leur écoute.

CHAPITRE II

Archimède et Rodin : deux raisonnements différents

Imaginons un professeur d'histoire donnant à faire à ses élèves un devoir sur Louis XIV, et voyons comment deux profils différents y répondraient.

Rodin, ou l'élève qui suit son chemin

Rodin irait en premier lieu lire ses notes de cours et le chapitre correspondant de son livre. Il se réciterait son cours jusqu'à le connaître par cœur, recommençant s'il n'y parvenait pas.

Ensuite, il prendrait une feuille de brouillon sur laquelle il inscrirait le titre de son devoir, puis il réfléchirait aux trois parties de son plan.

De manière imagée, il se prendrait la tête à deux mains et ferait « fumer » son cerveau.

Il aboutirait ainsi, après un certain labeur, à la production d'un résultat.

Il rédigerait ses trois parties en cherchant au fur et à mesure le contenu qu'il lui faudrait insérer dans les « cases ».

Sans préjuger de sa réussite, Rodin peut être défini comme *un élève scolaire*.

Il comprend bien les consignes qui lui sont données, sait argumenter son résultat et justifier son raisonnement.

Il est bien adapté au système scolaire, aime avoir un point de départ, des étapes claires ; il devient vite perdu s'il n'arrive pas à concevoir la procédure à suivre. Il écoute généralement les explications jusqu'au bout et travaille en suivant les étapes données.

Archimède, ou l'élève qui baye aux corneilles

Imaginons à présent Archimède se livrant au même exercice.

Rentrant de l'école, il irait prendre son goûter en jouant. Lorsque sa maman lui dirait d'aller faire ses devoirs, il demanderait un délai, ce qu'il fait toujours, qu'il s'agisse de déjeuner ou de s'habiller. Quand il s'habille il est d'ailleurs souvent interrompu par ses pensées et reste à demi vêtu, une jambe de pantalon enfilée, l'autre non.

Il finit donc par sortir ses affaires de classe et s'installe par terre.

Il commence par lire l'énoncé de son devoir, puis se penche sur ses notes de cours, et avant d'avoir terminé une page, prend son livre pour chercher une information sans rapport avec son sujet. En effet, la lecture d'un passage où il est dit que la femme de Louis XIV était sa cousine lui donne envie d'en savoir plus.

Une fois cela fait, il revient à son cours, et, au fur et à mesure qu'il le lit, le souligne avec des stylos de couleurs différentes.

Il se lève, va faire un tour dans le frigo, puis lit quelques pages de son livre du moment.

Il écrit son titre, mâchouille son stylo en regardant par la fenêtre, inscrit le titre de ses parties, puis les intervertit, et retourne lire quelques pages de son livre.

De retour devant sa feuille blanche, il commence à écrire et ne s'arrête plus.

Ça y est, il a terminé, il peut recopier.

Qu'a fait Archimède lors de son fameux « eurêka » ? Il est bien évident que tous les éléments mathématiques et physiques nécessaires à sa théorie étaient déjà présents dans son esprit. Seulement, plutôt que de les agencer de manière logico-mathématique les uns après les autres, son cerveau les a, en quelque sorte, traités à son insu, si bien que la conscience du résultat n'aura été que le dernier maillon de la chaîne.

Cet enfant n'est pas forcément scolaire et il a parfois du mal à tenir en place, bayant aux corneilles et regardant souvent par la fenêtre. Il lui arrive d'obtenir le bon résultat d'une opération d'arithmétique, même complexe, sans savoir expliquer comment il a procédé.

Ces deux profils sont efficaces, mais chacun à sa façon, différemment. Cette différence reflète deux manières de raisonner distinctes.

Raisonnement séquentiel et raisonnement intuitif

Le raisonnement le plus courant, et le plus mis en lumière, est le raisonnement séquentiel, logico-mathématique, à la manière du penseur de Rodin : de l'énoncé, je déduis ma première étape, de laquelle s'ensuit la deuxième, et ainsi de suite, jusqu'au résultat.

Il s'agit du raisonnement.

Les personnes qui l'utilisent ne réfléchissent qu'à une chose à la fois et ne peuvent travailler que dans le calme.

Elles passent en revue un élément après l'autre. Imaginons, pour schématiser, que vous regardiez votre bureau, alors vous le balayez du regard en commençant à droite, distinguant un téléphone, un agenda, un pot à crayons, une règle, un ordinateur, une pile de papiers.

Le raisonnement se construit au fur et à mesure, un élément se déduisant du précédent, exactement comme dans un raisonnement mathématique. Ce n'est qu'en arrivant au bout de tous leurs indices qu'elles accèdent à la conclusion.

À l'inverse, nous trouvons l'effet eurêka bien connu des neuroscientifiques, dans lequel la conscience verbale est le dernier maillon de la chaîne de traitement des informations. Il est évident qu'Archimède réfléchissait à son problème depuis un moment, avait les connaissances et les informations adéquates. Seulement, il ne les a pas assemblées consciemment, son cerveau l'a en quelque sorte fait pour lui à son insu, d'où le célèbre « eurêka » qu'il poussa dans sa baignoire lorsque le résultat arriva à sa conscience. C'est pour cela que l'on parle également de raisonnement intuitif.

Il semble que ceux qui ont un raisonnement intuitif effectuent un traitement parallèle des informations qui leur parviennent. Comme si vous aviez une vision panoramique de tout ce qui se trouve sur votre bureau. La parole étant séquentielle (vous ne pouvez prononcer qu'un mot après l'autre), vous n'avez pas de conscience verbale des objets qui y sont posés. Tout se passe comme si vous n'aviez pas accès aux différentes informations qui vont vous mener à l'aboutissement de votre raisonnement. Et, d'un coup, « plop ! », la conclusion s'impose à votre esprit.

Tout revient en fait à ce qu'une fois recueillies les informations dont vous avez besoin, votre cerveau les assemble à votre insu (c'est-à-dire que vous n'en avez pas de conscience verbale) et vous en donne le résultat lorsqu'il est prêt.

D'où une espèce d'intuition. Intuition qui n'est pas une vue de l'esprit, mais le fruit d'un raisonnement hautement élaboré, très structuré – et structuré différemment.

Le résultat est que ces personnes n'ont pas accès (pas immédiatement en tout cas) au processus. Si bien qu'elles sont la proie d'évidences qu'elles ne peuvent ni expliquer ni justifier.

Ce que c'est

Les différences d'attitude et de comportement que chacun d'entre nous présente peuvent être attribuées en partie à des différences dans l'organisation et la latéralisation de notre cerveau.

L'ASYMÉTRIE CÉRÉBRALE

Notre cerveau est constitué de deux hémisphères, reliés l'un à l'autre et fonctionnant ensemble en permanence. Les spécificités de chacun d'entre eux rendent leur collaboration particulièrement efficace.

Aucun n'est cependant substituable à l'autre, et notre cerveau est ainsi asymétrique : il présente une latéralisation de ses fonctions.

Le tableau ci-dessous montre un résumé des fonctions des deux hémisphères, telles qu'elles se retrouvent chez un droitier.

L'hémisphère gauche travaille de façon plus logique, analytique, un peu à la manière d'un ordinateur. Il analyse séquentiellement les informations qu'il reçoit, en extrait les détails qui lui semblent importants et leur attribue un mot.

L'hémisphère droit est synthétique, plus

Fonction	Hémisphère gauche	Hémisphère droit
Système visuel	Lettres, mots	Formes géométriques complexes
Système auditif	Sons de langage	Sons autres Musique
Système somato-sensoriel		Reconnaissance tactile des formes complexes Braille
Mouvement	Mouvement volontaire complexe Mouvements fins	Mouvements d'ensemble
Mémoire	Mémoire verbale	Mémoire visuelle
Langage	Parole Lecture Écriture Arithmétique	Émotions
Processus spatiaux		Géométrie Orientation Rotation mentale de formes

concerné par la configuration globale des informations. Il organise et traite les informations dans leur entier.

LE NEURODROITIER ET LE NEUROGAUCHER

Ainsi, une personne très logique et analytique va utiliser préférentiellement les fonctions de son hémisphère gauche pour résoudre les problèmes de sa vie quotidienne. On parle alors de neurogaucher. Pour le raisonnement, on parle de rationnel, logico-mathématique, ou encore séquentiel.

Une personne raisonnant de manière plus synthétique, ayant une vision globale et étant plus intéressée par des concepts généraux, utilise préférentiellement les fonctions de son hémisphère droit ; on parle ainsi de neurodroitier. Le raisonnement est intuitif, global, parallèle ou encore visiospatial.

Le neurogaucher est méticuleux, analytique, séquentiel et logique, alors que le neurodroitier est synthétique, traite les informations en parallèle et préfère trouver une vision globale à une problématique donnée.

Ils représentent les deux extrêmes de ce qu'on appelle la préférence hémisphérique, qui est la préférence en matière de raisonnement.

La préférence hémisphérique sous-entend que chacun des deux hémisphères fonctionne en permanence (ils collaborent), mais que pour certaines tâches, pour raisonner, assembler les faits et prendre des décisions, nous faisons plus appel aux fonctions de l'un que de l'autre. Un peu à la manière de la latéralité manuelle : de même que nous avons une main dominante, que nous utilisons plus souvent ou plus facilement que l'autre, cela n'implique pas que nous supprimions la deuxième ! Les deux sont fondamentales.

Imaginons que vous écoutiez une phrase. Si vous êtes neurogaucher, vous allez privilégier le contenu langagier, y prêter plus attention, et faire passer au second plan les expressions faciales, le contour intonatif et les émotions de votre interlocuteur. Si vous êtes neurodroitier, alors vous allez faire plus attention au contenu émotif et aux expressions.

QUELQUES CHIFFRES

Bien évidemment, nous utilisons tous nos deux hémisphères. Mais nous privilégions l'un ou l'autre en fonction des tâches que nous avons à accomplir, et certains utilisent plus l'un que l'autre.

Nous trouvons ainsi des personnes quasi exclusivement neurodroitières (environ un tiers de la population), d'autres neurogauchères (environ un quart de la population), ainsi que des personnes plus « neutres » (environ 40 % de la population) qui favorisent cependant l'un ou l'autre mode de pensée.

AU QUOTIDIEN

Les caractéristiques de chacun des hémisphères imprègnent les attitudes et pensées de chacun d'entre nous.

Le neurogaucher est méticuleux et ne laissera aucun détail au hasard.

Lorsqu'il doit apprendre quelque chose de nouveau, il passe en revue chaque détail et contrôle le processus complètement.

Il sait organiser sa pensée de manière à argumenter efficacement.

Il écrit de manière claire et concise.

Il travaille à un projet à la fois.

Physiquement, il est capable de devenir un sportif de haut niveau, car il sait pratiquer et s'entraîner encore et encore pour peaufiner sa technique.

Le neurodroitier apprend en premier les généralités d'un nouveau sujet, puis s'intéresse aux détails après avoir trouvé une vision d'ensemble.

Il saisit rapidement de nouvelles idées, et peut agencer ensemble des concepts différents pour en faire un tout cohérent.

Il a une vision globale et traite les informations de manière parallèle, si bien que sa pensée apparaît parfois difficile à suivre, car il a du mal à argumenter.

En lui laissant le temps, il peut impressionner par la nouveauté de sa pensée.

Suivre un plan pour rédiger lui est difficile, et il aurait tendance à partir dans toutes les directions.

Il a l'art de poser les questions pertinentes et il a toujours plusieurs projets en tête.

En sport, il perçoit d'emblée les capacités nécessaires et les met en œuvre de manière globale, en laissant peu de place à l'examen.

Les neurodroitiers étant en minorité dans la population, le système de valeurs a été fait par et pour les neurogauchers.

Les attitudes des neurodroitiers sont ainsi interprétées par les neurogauchers selon la signification qu'ils leur donnent avec leurs propres codes de valeur.

Ainsi, pour un neurogaucher, rester à bayer aux corneilles ne peut qu'être de la paresse. Pour un neurodroitier, c'est sa manière de mettre son raisonnement en place.

Pour un neurodroitier, la non-compréhension de ses idées par les neurogauchers peut être considérée comme un manque d'ouverture d'esprit.

Ce que ce n'est pas

De nombreuses caractérisations des neurodroitiers sont faites à tort par extrapolation : flemmard, « je-m'en-foutiste », prétentieux, arriviste, vantard...

En effet, sachant comment nous fonctionnons, nous pensons que nos semblables sont identiques. En résulte le type de pensées suivant : « Si un neurogaucher montrait ce type d'attitude et de comportement, pour lui ce serait de la flemmardise, du manque de concentration, de la dispersion, de l'instabilité... »

On trouve également de nombreuses fausses idées :

- Il n'y a pas de corrélation entre la préférence hémisphérique et la dominance manuelle.
- Il n'y a pas de supériorité de l'un des deux hémisphères : être neurodroitier ou neurogaucher n'entraîne pas une plus ou moins grande intelligence. On trouve des déficients mentaux, des gens brillants et tous les intermédiaires dans les deux catégories.
- Il n'y pas d'évidence que la préférence hémisphérique se transmette de manière héréditaire. On trouve aussi bien des familles avec plusieurs neurodroitiers que des familles où il n'y en a qu'un.

• Une vieille théorie remise au goût du jour : c'est un ensemble de faits avérés, enseignés en neuropsychologie et neurophysiologie.

• Tous les neurodroitiers sont surdoués : partant du constat que les surdoués sont neurodroitiers, certains ont inversé la proposition, la rendant fausse. Les surdoués représentent environ 1,5 % de la population, nous avons vu que les neurodroitiers en représentent environ un tiers.

Au final, il existe deux types de raisonnement différents, global et intuitif pour les neurodroitiers, séquentiel pour les neurogauchers, conduisant chacun au même résultat, mais par des chemins différents.

Il peut résulter de mauvaises interprétations des comportements et des attitudes de tous, chacun jugeant l'autre à l'aune de son propre fonctionnement.

CHAPITRE III

Les écueils à éviter

Les enseignants ont pu vous dire de votre enfant qu'il n'était pas concentré et qu'il se dispersait, qu'il ne tenait pas en place, qu'il manquait de confiance, voire qu'il était hyperactif, dénué de constance, ne savait pas travailler, ou ne fichait rien en classe.

En résumant, l'enseignant a une vision de ses élèves qui correspond à un élève « type », moyenne de tous les élèves.

Sans préjuger de leurs compétences, il sait bien évidemment reconnaître les différences chez les enfants.

Il n'en demeure pas moins que lorsqu'un enfant regarde trop souvent par la fenêtre, ou suce son crayon pendant de longues minutes au début du devoir sur table, la conclusion est régulièrement celle d'un problème : dispersion, difficulté à réfléchir ou à se concentrer. Ce qui peut bien sûr être le cas, mais qui peut, et c'est ce qui nous intéresse ici, être le reflet d'une différence.

Comment vous, parents, pouvez alors savoir que votre enfant n'a pas de problème de raisonnement, qu'il sait se concentrer, à sa manière, qu'il sait aboutir à un résultat, à sa manière… que tout ce qu'il fait atteint son but, mais encore une fois à sa manière ?

Regardez le résultat, non la manière

La clef la plus importante est de regarder si « ça marche ». Est-ce que votre enfant obtient les résultats attendus ? A-t-il réussi à apprendre à écrire, peut-il réciter ses devoirs, a-t-il acquis ce qu'il est censé acquérir ?

Ce faisant, oubliez la manière dont votre enfant travaille, ses attitudes et ses comportements en classe et à la maison, et focalisez-vous seulement sur le résultat.

Le processus de réflexion chez les enfants qui montrent un raisonnement intuitif implique impérativement de faire autre chose pour que le raisonnement aboutisse.

À condition qu'ils soient déjà allés chercher les informations dont ils ont besoin.

Cela fait, ils ont besoin, et c'est un réel besoin dont il s'agit puisque leur efficacité est en jeu, de digérer ces informations et de les laisser mûrir en faisant autre chose. Autre chose qui peut être bayer aux corneilles, regarder par la fenêtre, sucer son stylo, faire des gribouillages sur son cahier ou son brouillon, faire un jeu, regarder un peu la télé, visiter le frigo, voire laisser passer quelques jours.

Présent en bruit de fond, le sujet qui les occupe s'agence en quelque sorte tout seul, à leur insu.

Le moment venu, lorsque le traitement des informations est terminé, c'est l'effet eurêka : la solution jaillit – « plop ! » – et s'impose à eux comme une évidence. Il n'y a plus qu'à rédiger le devoir.

Il baye aux corneilles

De nombreux parents me disent que leur enfant est dispersé et qu'il ne sait pas se concentrer.

Simplement parce qu'il lève le nez de son travail.

Faites attention aux moments où votre enfant « cesse d'être concentré ».

Soit il vient de lire sa leçon, soit il bloque dans la résolution de son problème ou dans son processus de réflexion.

En ce sens, il interrompt son travail pour une autre activité afin de favoriser le processus de traitement parallèle des informations.

Cela lui permet de renforcer la trace mnésique en cours de formation de ce qu'il vient de lire, ou de mener à bien une réflexion.

Il s'agit donc bien d'une concentration différente ; ce n'est ni de la dispersion ni un manque de concentration.

Observez votre enfant, ou demandez-lui ce qui se passe lorsqu'il revient à son bureau : vous verrez qu'à ce moment-là, il sait sa leçon et/ou il a trouvé la solution qu'il cherchait.

Il remet tout à demain

« Quel flemmard et quel tire-au-flanc : il rentre de l'école et commence à faire tout et n'importe quoi. D'abord il goûte, puis il va jouer, ouvre son cahier de texte, lit sa leçon, et au lieu de se mettre vraiment à ce qu'il a à faire, il retourne jouer. Il perd un temps fou : cela me met hors de moi ! »

Que fait votre enfant ? D'abord il regarde les devoirs qu'il doit faire, puis il commence par apprendre ses leçons, et ne fait pas son devoir.

Comme nous le dit Karine, il s'agit d'une efficacité différente : « Lorsque j'ai un devoir d'histoire à rendre, je lis le sujet, et je le laisse dans un coin de ma tête. Deux jours plus tard, je peux l'écrire tranquillement. »

C'est assez magique : en somme, il suffit de ne rien faire pour que les bonnes idées s'élaborent et se mettent en place toutes seules. Il ne lui suffit plus alors que de les laisser s'exprimer. C'est assez déstabilisant je vous l'accorde, mais une fois que vous saurez ce qui se cache derrière, vous prendrez confiance dans ce mode de fonctionnement. Car c'est diablement efficace.

Au final, tout se passe comme si une « petite voix » disait que ce n'est pas le moment, soit qu'il lui manque des informations, soit que sa réflexion n'est pas terminée.

Ce n'est donc pas de la procrastination, et rarement de la fainéantise, mais bien une structure différente.

Il fait tout au dernier moment

« Il fait tout au dernier moment, à l'arrache ! C'est du stress supplémentaire, et surtout une mauvaise organisation de son travail. »

D'accord, c'est particulièrement éprouvant, et pour vous, et pour votre enfant.

Mais prenez donc conscience que l'échéance est rarement, pour ne pas dire jamais, dépassée et que l'objectif est quasi toujours atteint.

S'il faut rendre un devoir, le devoir est rendu.

Il ne peut donc s'agir d'une mauvaise organisation, pas plus que d'un manque de prévoyance.

Chantal, élève de terminale dans une école d'art, me dit : « C'est chaque fois la même chose, lorsque j'ai un projet à rendre, je m'y mets au dernier moment. En général la veille. Alors je planche toute la nuit, si bien que le lendemain je ne suis pas contente de moi. Au pire, je rends quand même mon travail. Au mieux, si je puis dire, je ne vais pas en cours, car j'ai trop honte ! »

Et à ma question de savoir ce qui se passe lorsqu'elle accepte néanmoins de remettre son travail : « Oui, j'ai toujours des bonnes notes, mais vous savez, les profs sont indulgents, ils me connaissent, alors, sauf une qui me pénalise si je rends mon projet avec un jour de retard, les autres m'encouragent. Ils sont sympas. »

Si Chantal avait un peu confiance en elle et en ses enseignants, elle pourrait se rendre compte que son travail est de qualité, et elle pourrait alors comprendre qu'elle fonctionne un peu différemment.

Qu'elle a besoin d'une motivation pour que le raisonnement se mette en place, et que la plus simple et la plus facile à trouver est l'approche d'une échéance.

Elle pourrait, ce faisant, se dire que puisque c'est l'échéance qui déclenche son raisonnement, que c'est son moteur en quelque sorte, elle n'a donc plus aucune raison de se stresser puisqu'elle ne dépassera pas sa date limite ; et elle peut dès lors décider de « démarrer » beaucoup plus tôt, quand elle le souhaite.

Observez votre enfant, et regardez surtout s'il rend son travail à temps ou pas. Si oui, alors aidez-le en lui faisant prendre conscience de sa manière propre de fonctionner, et proposez-lui de conserver ses plages de diversion afin de pouvoir réfléchir plus aisément.

Votre enfant est différent, et cette différence, si elle n'est pas connue, peut conduire à des mauvaises interprétations, à des jugements de valeur qui ne sont pas fondés.

Afin d'éviter ces écueils, on peut dresser un portrait type, et en passer en revue les caractéristiques principales.

CHAPITRE IV

Les caractéristiques de votre enfant

Je vais à présent détailler quelques traits caractéristiques du fonctionnement intuitif et global.

Traiter en même temps plusieurs informations implique en premier lieu de les percevoir toutes, ou du moins un grand nombre, d'où une grande sensibilité.

Une grande sensibilité

Percevoir tout ce qui arrive sous-entend nécessairement une plus grande sensibilité, afin de ne pas risquer de rater un élément nécessaire au bon déroulement du raisonnement.

Votre enfant est, de ce fait, probablement plus sensible (ce qu'on appelle l'hyperesthésie) aux odeurs, aux bruits, au toucher, aux goûts, et il a sans doute une bonne vision des détails.

C'est un phénomène auquel on prête peu attention, et qui se manifeste par le fait qu'un vêtement va le gratter, qu'il perçoit une odeur que vous-même ne sentez pas, qu'un bruit le dérange alors qu'il vous semble normal, qu'il va faire la moue devant un plat en vous disant qu'il « sent le pourri »... Tout cela est vrai, vrai car ses cinq sens sont plus développés et plus sensibles que les vôtres.

De manière plus générale, cette sensibilité sensorielle se retrouve, selon le même principe, dans le domaine des émotions. Votre enfant est plus sensible, parfois hypersensible, voire susceptible.

Il vous semble alors « exploser » sans raison. Sans raison apparente pour vous, car il y en a une qu'il perçoit : le décalage entre ce qu'il sent et ce que vous lui dites.

Ainsi Hervé disant à sa mère au petit-déjeuner que le lait de son chocolat était tourné. Non, lui rétorque-t-elle, car j'ai ouvert la bouteille hier. Hervé s'obstine, refusant de boire son chocolat, qu'il trouve mauvais. La situation s'envenime, il se fâche, de guerre lasse, sa maman le goûte... il est effectivement tourné !

Combien de fois vous êtes vous mis en

colère pour vous rendre finalement compte que votre enfant avait raison ?

Raison, car il perçoit ce qui vous échappe, vous le dit, à sa manière qui n'est pas toujours la bonne, mais souvent pleine de justesse.

On retrouve le même phénomène pour la sensibilité à la fatigue et à la faim.

Nombre de parents me disent que leur enfant est grognon au sortir de l'école.

Les parents de Clément, huit ans : « Lorsque je vais le chercher à onze heures et demie, c'est à peine s'il me dit bonjour et, pour un oui pour un non, il démarre, se met à râler et cela peut aller jusqu'à une rage noire. Pareil à quatre heures et demie, et là c'est encore pire, car il doit faire ses devoirs en rentrant de l'école. »

Grand classique chez ces enfants !

Plus sensibles à la faim, tout en vous disant qu'ils n'ont pas faim, ils cesseront d'être en colère après l'ingestion de seulement quelques bouchées, et leur bonne humeur reviendra comme par enchantement.

Ainsi, faites confiance à votre enfant, et comprenez qu'il vous manifeste son problème, pas verbalement, car il ne sait pas mettre des mots sur ses conclusions, mais par les modifications de son comportement.

Ces sautes d'humeur font que leur comportement apparaît en dents de scie.

D'un moment à l'autre au cours d'une même journée, mais également d'une année scolaire à l'autre.

Un parcours parfois en dents de scie

Sa sensibilité rend votre enfant particulièrement réactif à son environnement, et notamment à ses enseignants.

Avez-vous remarqué comme, d'une année sur l'autre, il peut être brillant ou médiocre, voire mauvais élève, même d'une matière à l'autre ?

Car la personnalité de son enseignant fera la différence.

Capable de déplacer des montagnes avec quelqu'un qu'il apprécie, il risque de ne plus rien faire s'il ne s'entend pas avec lui ou est pris en grippe.

En effet, le raisonnement « à son insu » a pour corollaire de rendre votre enfant rêveur et distrait, ce que les enseignants n'apprécient pas particulièrement et interprètent souvent comme une marque de désintérêt pour leur propos.

Un enfant rêveur et distrait

Pour faire aboutir son raisonnement et mûrir sa pensée, votre enfant a besoin de bayer aux corneilles. Que ce soit en classe ou à la maison.

Il lui arrive également de se laisser emporter par ses pensées, ne terminant pas ce qu'il a commencé, voire ne sachant plus ce qu'il avait décidé de faire.

François, sept ans, est au parc avec sa maman et son petit frère. Il part avec l'idée de jouer dans le bac à sable et commence donc à enlever ses chaussures, aperçoit une libellule qu'il suit en courant, rencontre un copain avec qui il joue au ballon, revient goûter sur le banc, et à la question de sa mère « qu'as-tu fait de tes chaussures ? », il n'en a pas la moindre idée.

La mémoire de ces enfants est souvent excellente. Si la mère de François s'obstinait à lui demander où étaient ses chaussures, il commencerait par lui répondre « je ne sais pas », pour ajouter « je les ai laissées près de l'arbre en pourchassant ma libellule », ce qui est le résultat de sa connaissance intuitive.

L'enfant « je ne sais pas »

Qui dit connaissance intuitive dit impossibilité pour votre enfant de savoir qu'il sait. Tout comme il ne sait pas argumenter son raisonnement intuitif.

Cependant, le fait de dire « je ne sais pas » active une demande au cerveau qui répond en donnant la bonne solution.

Il s'agit en somme d'un « je ne sais pas » conscient sous lequel se cache le « je sais » inconscient.

Le tout est de faire affleurer la réponse à la conscience.

Ne prenez donc pas ses réponses pour argent comptant, mais pour ce qu'elles veulent réellement dire pour votre enfant : c'est en quelque sorte la clef qui ouvre la bonne « porte » de sa mémoire.

Votre enfant ne sait pas qu'il sait et il ne sait pas comment il sait.

Cela risque de le déstabiliser régulièrement.

Charles, dix-huit ans : « Chaque fois que je commence mes révisions, je ne sais plus comment j'ai fait la fois précédente. Je dois tout réinventer, et je me dis que je n'y arriverai jamais. Pourtant, ça marche. »

Oui, ça marche, car toutes les bonnes

informations sont encodées dans son cerveau, et qu'il va les rechercher, à son insu.

À l'inverse, votre enfant a besoin de rendre vos explications inconscientes pour les assimiler, et vous répond sans relâche : « Je ne comprends pas ! »

Il comprend vite, mais il faut lui expliquer longtemps

Lui expliquer sans relâche, soit jusqu'à ce qu'il en ait tiré une vision globale, soit jusqu'à ce qu'il ait assimilé vos explications (à son insu) et produise l'effet « eurêka ».

Gilles explique la règle de trois à sa sœur, douze ans, qui répète encore et encore qu'elle ne comprend rien. Il se lasse, commence à se fâcher, puis recommence. Au bout d'un temps qui lui semble interminablement long, elle finit par lui dire : « Mais c'est évident, il n'y a rien à comprendre ! », et lui de répondre : « Mais c'est ce que je m'escrime à te dire depuis tout à l'heure ! »

Dialogue de sourds, s'il en est, car chacun est dans son idée : Gilles de vouloir faire faire une tâche simple à sa sœur, et elle d'essayer d'en dégager une vision globale, jusqu'à ce qu'elle assimile la règle et puisse la restituer à sa façon.

Un besoin de compréhension

Le besoin de compréhension traduit la vision globale dont a besoin votre enfant pour apprendre : il doit savoir pourquoi il fait une chose et dans quel cadre elle se situe.

Ce que font Louis en apprenant sa leçon de chinois et Élodie son cours de physiologie : ils ont besoin d'en avoir une vision globale afin de pouvoir mémoriser ce qu'ils essayent d'apprendre.

Et ce n'est qu'à cette condition qu'ils peuvent y parvenir.

Ce besoin se manifeste également par le questionnement incessant de votre enfant : « Pourquoi ci ? Pourquoi ça ? Qu'est-ce que ça veut dire ci ? Et ça ? », ce qui est aussi le reflet de sa grande curiosité ou plutôt de sa soif d'apprendre, de connaître et de savoir.

Connaissance qu'il étend aux gens qui l'entourent.

Il a besoin de comprendre comment ils fonctionnent, car ses sens aiguisés et sa sensibilité lui montrent bien qu'ils sont différents de lui : il le sent et essaye de mettre des mots sur cette différence, et les mots justes, car il accorde une part importante au sens exact.

Les mots justes

Une fois qu'il a compris leur signification, les mots ont pour votre enfant un sens et un seul, et il ne comprend pas l'imprécision dont font montre les autres.

Ce que disait Thomas à sa mère : « Maman, la maîtresse a demandé que nous apportions un verre pour boire. Non pas un comme ceux-là. Transparent. Non pas celui-là. Elle a dit un comme celui-là, en nous en montrant un, alors il faut le même. » La maîtresse lui dit qu'il faut le même verre, pour lui le même veut dire un exactement identique, alors qu'elle voulait simplement dire « un verre en plastique ».

La précision qu'il accorde aux mots peut évidemment conduire soit à des quiproquos, soit à des disputes : la maman de Thomas s'est effectivement agacée devant les refus systématiques de son fils, jusqu'à ce qu'elle se souvienne qu'il ne comprenait pas le sens caché. Elle a alors contourné la question, car il ne voulait pas démordre de son idée, en lui proposant un verre avec un dessin de son héros préféré : son plaisir occultait alors le fait que ce n'était plus la copie conforme du verre de l'école.

De même qu'il ne comprend pas l'imprécision, il ne comprend pas l'implicite qui ne correspond pas au sens exact du mot employé.

Il en résulte fréquemment des erreurs de compréhension, notamment pour les devoirs. Quoi de plus normal pour un enseignant de commencer son sujet par le classique « que pouvez-vous dire de… », ou « à votre avis… » ?

Ce qui est clair pour la plupart des élèves c'est qu'il faut répondre par une synthèse du cours.

Ce qui est clair pour votre enfant, c'est qu'il faut produire une réflexion qui conduise à une pensée neuve.

D'où le non moins classique « hors sujet » qui risque alors d'apparaître sur sa copie.

Si vous lui expliquez que tel mot ne s'emploie pas et qu'il vous surprend en train de l'utiliser, il vous reprendra aussitôt. Car il fonctionne également en tout ou rien.

Blanc ou noir, mais pas gris

Le système de valeurs de votre enfant est en tout ou rien : cela se fait ou ne se fait pas. Il ne conçoit pas que cela puisse dépendre des circonstances, qu'un jour l'on puisse dire blanc et le lendemain gris ou noir.

Si, par exemple, vous l'autorisez aujourd'hui à regarder la télévision au déjeuner alors qu'il est malade, il vous le redemandera chaque jour qui suivra. Il en a fait une règle : puisque c'est autorisé une fois, c'est autorisé tout court !

C'est un enfant avec une haute valeur morale, et qui, une fois qu'il a donné sa parole, se pliera en quatre pour la tenir, même si cela lui est compliqué, voire préjudiciable.

Gaétan, quinze ans : « Mais maman, j'ai promis à Lucia de travailler avec elle cet après-midi sur le cours de maths. Ce n'est pas parce que j'ai de la fièvre que je n'irai pas. Elle m'attend, et je ne peux pas lui faire ça ! »

Nuançons cependant : comme tous les enfants, il sait où est son intérêt et il sait mettre en œuvre de petits stratagèmes pour satisfaire son plaisir.

Alors ? Qui est cet enfant si particulier ? Un enfant comme les autres, avec des particularités de fonctionnement liées à cette intuition, cette « voix de la sorcière », comme me disent certains, qui les caractérise.

Un besoin de complexité pour motivation, des choses trop simples qu'il désinvestit. Une grande curiosité, assortie d'un questionnement continuel. Un caractère soupe au lait, capable de rire et de pleurer quelques instants plus tard.

Le tout assorti d'une haute valeur morale, que j'ai toujours retrouvée, associée à une humilité qui ne leur fait jamais défaut : bref, un enfant attachant dont le besoin principal et primordial est de se comprendre, de comprendre les autres et de tisser des liens avec eux.

Finalement, *quid* de la préférence hémisphérique ?

C'est une notion qui nous permet de dégager deux profils types.

D'un côté, le neurogaucher pur, que l'on qualifie également d'auditif-séquentiel, rationnel, logique, à l'aise dans la justification et le développement de ses arguments.

De l'autre, le neurodroitier, également appelé visiospatial, qui montre un raisonnement et une connaissance intuitifs, ne sachant pas qu'il sait et ni comment il le sait.

De cette différence vont découler toutes les autres, de l'incompréhension devant les autres et leurs manières de faire, avec le sentiment de se tromper sans savoir comment changer, tout en étant persuadé d'avoir raison.

Cela peut même aboutir à un sentiment d'exclusion et à une marginalisation.

Tout cela, à partir d'un simple mode de pensée différent.

Car nous avons tous du mal à concevoir que deux planètes puissent cohabiter.

Heureusement pour nous tous, c'est en train de changer.

C'est déjà le cas outre-Atlantique, où des principes pédagogiques ont été mis en place, où les enseignants adaptent leurs enseignements aux différents types d'enfants et où une foison d'informations est disponible pour aider les parents à les accompagner.

Le premier outil fondamental est la connaissance de ce fonctionnement particulier, afin de vous permettre de ne pas tomber dans des jugements inexacts.

Ensuite, une boîte à outils adaptée à votre enfant, dans laquelle vous pourrez puiser selon ses besoins.

Enfin, ces outils vous serviront à définir des tactiques et des stratégies pour mieux vivre avec les autres.

DEUXIÈME PARTIE

La boîte à outils pour bien travailler

Par définition, l'enfant intuitif, s'il a bien conscience du but, ne sait pas quel chemin emprunter pour l'atteindre.

Cela peut rapidement le déstabiliser, car il a l'impression de ne pas savoir travailler, d'être incapable de s'organiser ou de structurer son travail.

Néanmoins, s'il a suffisamment de confiance en soi, il parviendra – quoique sans savoir comment – au résultat.

Le point fondamental est ce « sans savoir comment » et c'est ce point-là, très précisément, qui doit être travaillé pour permettre à l'enfant de s'appuyer sur ses forces.

En effet, plus il essaie de travailler de manière séquentielle, ou scolaire, comme ses enseignants le lui demandent, plus il risque de fonctionner contre nature. Cela l'oblige à fournir un énorme effort, et pour un résultat qui est généralement de piètre qualité.

Les caractéristiques de l'hémisphère droit font que l'enfant intuitif apprend plutôt sur le mode visiospatial (par opposition à auditif-séquentiel). Cela implique que l'aspect visuel lui est nécessaire, que ce soit pour réviser, mémoriser, apprendre ou s'organiser.

À l'inverse, une organisation linéaire lui pose problème, en ce sens (et c'est une lapalissade) qu'il n'en a pas de vision globale.

Nous avons dit qu'il traite les informations simultanément, processus à l'origine de son intuition. Aussi, si l'on inverse le processus, a-t-il besoin de faire plusieurs choses en même temps afin de laisser son cerveau libre de travailler sur le sujet demandé.

Vous trouverez dans les chapitres qui suivent tous ces principes déclinés en outils simples et utilisables facilement avec votre enfant.

N'oubliez pas cependant que si certains sont quasi exclusivement neurodroitiers et d'autres quasi exclusivement neurogauchers, il en est qui sont plus nuancés. À vous d'adapter ce qui suit à votre enfant. Testez et conservez ce qui marche.

L'idée n'est pas de transformer votre enfant en ce qu'il n'est pas, mais de l'aider à fonctionner au mieux avec ses propres caractéristiques.

Le système scolaire, dès la maternelle, intègre de plus en plus d'exercices et d'activités liés à l'hémisphère droit, qu'il s'agisse de l'utilisation de son corps en passant par l'ajout de couleurs et de visuels pour prendre en compte un concept. Ainsi l'écriture et la lecture sont appréhendées par le jeu, de manière très visuelle et spatiale (pâte à modeler), et même globale (identification de son prénom avant de savoir lire).

Cela reste vrai en grande partie en primaire, avec de nombreux supports visuels, notamment pour l'apprentissage des mathématiques (la pizza des fractions, les réglettes numériques...), du français et de la vie en société (histoires en cartes à remettre dans l'ordre).

Cependant, plus l'enfant avance dans son parcours scolaire et plus la logique séquentielle reprend le dessus. Cela commence au début du collège, pour devenir prédominant à la fin.

L'enfant se doit alors d'entrer dans une logique qui n'est pas forcément la sienne. Les outils que je vous propose visent à lui permettre d'atteindre l'objectif demandé par l'école, tout en apprenant à être élève... à sa façon.

CHAPITRE V

Organiser sa pensée : les cartes mentales

Comment aider votre enfant dans sa réflexion intuitive ? Une astuce consiste à se servir d'un système de Post-it® par lequel une idée est écrite sur chacun : il n'y a plus ensuite qu'à les réorganiser pour construire le plan.

Le même principe préside aux cartes mentales (ou cartes heuristiques, *mind map*® en anglais), dont le principe est d'organiser les idées sur papier de manière très visuelle.

C'est en fait un schéma, élaboré sur le modèle d'un organigramme. Il reprend par exemple les idées d'un cours, les parties qui le composent, en mettant en évidence, par l'utilisation de signes, de couleurs ou de dessins, les liens qui rattachent les unes aux autres.

Cela correspond à une nouvelle manière de visualiser des idées en les structurant, d'organiser des connaissances et de montrer des étapes d'un raisonnement ou d'un processus.

C'est donc une approche différente, non linéaire qui permet d'appréhender immédiatement votre travail en en ayant une vue d'ensemble.

Nos pratiques pédagogiques privilégient le fonctionnement de l'hémisphère gauche de notre cerveau avec une dominante de la linéarité, du séquentiel de l'analyse, alors que l'hémisphère droit gère davantage la globalité, la simultanéité et la spatialisation. La représentation visuelle de l'information dans la carte mentale combine donc l'utilisation des deux hémisphères du cerveau et est ainsi particulièrement adaptée à tous les types d'élèves.

Utilisation

La carte mentale est un outil utile dans toutes les occasions, du primaire à l'université et toute la vie durant.

Les utilisations sont quasi infinies, qu'il s'agisse d'apprendre une leçon, de faire une synthèse de son cours, de retrouver et classer ses connaissances, d'élaborer un plan, de préparer un exposé oral, d'organiser ses idées, de faire un résumé (livre, chapitre, article), de réviser en vue d'un contrôle ou d'un examen, de mémoriser des personnages, comme se souvenir d'une recette de cuisine, d'apprendre une langue, et, pour les adultes, de préparer une réunion et de l'animer, de planifier un projet, une activité, d'organiser des vacances, un voyage, de rédiger un CV…

Étapes de création

Utilisez un papier et un crayon ou un logiciel. Les deux sont aussi efficaces, et dépendent de vos besoins.

En premier lieu, il s'agit de placer l'idée centrale au centre de votre feuille.

Puis les idées secondaires constitueront les branches latérales. Créez autant de branches qu'il y a d'idées, mais sans dépasser neuf ou dix (maximum de la mémoire immédiate). N'écrivez que des mots clefs, pas de phrases.

Une branche peut se subdiviser en plusieurs branches qui peuvent à leur tour se ramifier : on crée ainsi une carte plus ou moins complexe, selon les besoins.

Enrichissez-la de dessins, ou remplacez un mot par un dessin lorsque vous le souhaitez.

Utilisez les couleurs, éventuellement avec des nuances pour marquer la hiérarchie.

Regardez maintenant votre carte de manière globale, et créez des liens entre les différentes branches, que vous pouvez matérialiser ou non par des pointillés par exemple.

La carte mentale est un outil qui change la vie et qui est de plus en plus utilisé aussi bien par les élèves que par les enseignants. Cette année, elle fait même son apparition dans les fameuses annales du baccalauréat et certains étudiants rapportent avoir obtenu deux à cinq points supplémentaires lorsqu'elle sert de support à l'oral.

Permettant de ne pas se disperser, elle implique que l'enfant sache se concentrer sur son sujet, sans se laisser emporter par chacune des branches qu'il explore.

CHAPITRE VI

Se concentrer

De nombreux parents me disent que leur enfant ne sait pas se concentrer, qu'il se disperse, n'arrive pas à rester en place.

Que ce soit d'ailleurs pour des activités scolaires, comme les devoirs, ou pour des activités de tous les jours, s'habiller, se laver les dents...

Non seulement ces enfants font plusieurs choses en même temps, et donc ont du mal à ne faire « que » s'habiller, ou « que » se laver les dents, mais ils ont également plusieurs flux de pensées qui leur viennent en permanence.

D'où les questions qui fusent de la bouche pleine de dentifrice, ou le pantalon qui reste à demi enfilé pendant que les pensées passent dans la tête.

Pour les aider à terminer ce qu'ils ont commencé, la solution est de les forcer à être à ce qu'ils font en court-circuitant leurs pensées et en faisant une activité compatible avec ce qu'ils sont censés faire.

Je suis à ce que je fais : les chansons

Chaque matin la maman de Guillaume, huit ans, connaît la peur du retard à l'école : « C'est toujours la même histoire. Je lui dis de s'habiller. Il commence et inéluctablement arrive le moment où il va rester la tête en l'air, les yeux dans les étoiles, une jambe de pantalon enfilée, l'autre pas. Il peut rester ainsi de longues minutes sans bouger. Il est dans ses pensées et n'en sort que lorsque je viens. Je le bouscule. Il met son pantalon, et recommence avec sa chemise. Quand on parvient aux chaussures, je craque et c'est moi qui les lui mets. »

De même, la maman de Léa, trois ans : « Je commence à lui laver les dents, et aussitôt, la voilà qui se met à me poser une question, et puis deux, à chantonner, à vouloir me raconter une histoire. Alors je râle en lui disant qu'il faut qu'elle soit à ce qu'elle fait, qu'elle ne peut faire qu'une chose à la fois. Mais rien n'y fait. »

Vous aurez beau vous fâcher et leur expliquer qu'ils doivent être à ce qu'ils font, rien n'y fera : ils ne savent pas *ex nihilo* faire autrement.

À vous de le leur apprendre. En forçant leur cerveau.

Trouvez ensemble une chanson, ou chantez-la-leur vous-même, en rapport avec l'activité que vous souhaitez leur voir terminer.

La parole étant séquentielle, cela oblige donc leur esprit à ne plus faire que chanter, et s'habiller, et se laver les dents, et mettre le couvert… sans plus se disperser.

La maman de Léa s'est ainsi mise à chanter sur l'air de Trénet « Je chante, je chante soir et matin, je chante sur les chemins. » Mais elle avait remplacé les paroles : « Je frotte, je frotte mes p'tites quenottes, je frotte d'abord en bas. Et puis bien du bas vers le haut, et je frotte un peu plus. Je frotte je frotte le haut… » Et ainsi de suite jusqu'à arriver au bout.

« C'est magique, me dit-elle. Ainsi Léa me laisse lui laver les dents, sans plus rien dire. Le seul hic, c'est quand je n'y pense plus, aussitôt elle m'assaille à nouveau de questions. Ou quand je suis un peu fatiguée ou énervée et que je n'ai pas l'énergie de chanter. Mais ça n'est rien comparé à avant : au moins je ne m'agace plus. »

Guillaume, plus grand et donc censé

s'habiller seul, a eu plus de mal. Aussi sa maman lui fait-elle penser à sa chanson chaque matin au petit déjeuner.

C'est devenu une sorte de rituel.

Et elle n'hésite pas non plus à venir l'aider.

« Je voulais le laisser faire seul, car je pense qu'il peut être autonome. Une fois que j'ai eu compris que ce n'était pas fait exprès, et qu'il était autonome par ailleurs, je me suis dit que ça n'avait aucune importance que je continue à l'aider à s'habiller tant qu'il avait besoin de cela pour ne pas être en retard. »

Effectivement, le but est bel et bien d'arriver à l'heure à l'école, pas de savoir s'habiller. Ce que, par ailleurs, il fait sans problème le week-end lorsqu'il a le temps qu'il veut.

Vous pouvez également, selon vos idées, inventer une poésie, simplement fredonner… encore une fois le but est de les sortir de leurs flux de pensées.

À l'inverse, lorsqu'ils ont besoin de se concentrer, il va falloir les « obliger » à n'avoir qu'une ligne de réflexions.

Je me concentre : la musique

Une idée en entraînant une autre, la pensée s'égare d'un sujet à un autre.

Louis doit apprendre sa leçon de chinois : « J'ouvre mon livre et commence à lire. Inexorablement, après une ligne ou deux, je ne peux pas m'empêcher de tourner les pages et d'aller lire un autre chapitre. Je reviens ensuite à ma leçon, relis deux ou trois lignes et recommence. Cela me demande un temps infini pour faire ce que les autres font en quelques minutes ! »

Oui et non. Oui si l'on s'en tient à la page qu'il doit savoir. Non, car pendant ce temps il a appris bien plus que ses copains.

De même Élodie, une étudiante en médecine : « Je dois apprendre mon cours de physiologie. Mais une phrase se rapporte à l'organisation du cerveau, alors je plonge dans un livre de neurologie (que je n'ai pas encore traitée). Là, on aborde le niveau moléculaire, alors j'ouvre mon cours correspondant. Ensuite, ça me ramène à la chimie, et me voilà en train d'essayer de comprendre la chimie organique. Pour finir j'aboutis en physique. Total, je n'ai pas appris mon cours de physiologie ! »

En fait, elle a mis plus de temps pour

apprendre ses dix pages, car elle en a appris beaucoup plus.

Elle ne s'est pas non plus dispersée, mais elle a besoin d'une vision plus globale, peut-être trop, pour comprendre son cours. Ce n'est que grâce à cette compréhension qu'elle pourra finalement le retenir.

Ou encore Lucie qui doit rédiger un devoir de français. « Je suis à mon bureau, j'écris le titre de mon sujet, et là, ça commence : je regarde par la fenêtre, je me lève, je pense à ce que je dois écrire, et, de fil en aiguille, je pense au prof, au collège, aux copines, à ce que m'a raconté Karine ma meilleure amie, aux vacances, et hop ! je ne suis plus en train de travailler, mais de rêvasser. J'ai beau essayer de me concentrer, rien n'y fait. »

Écouter de la musique occupe un canal attentionnel, et de ce fait aide à se concentrer sur un deuxième sujet : celui que votre enfant a besoin d'investir.

Laissez-le ainsi mettre sa musique en bruit de fond, cela l'aidera à se concentrer.

Pour les plus grands, ce peut également être une émission de radio, genre documentaire, qu'il ne souhaite pas écouter. Le côté rébarbatif du discours l'oblige à « rentrer » en lui-même et à orienter son esprit dans la direction de la réflexion qu'il a à mener.

La mère de Thomas nous explique que cela a également eu comme vertu de lui faire apprendre ses leçons plus rapidement et plus efficacement : « Avant, il traînassait et avait besoin d'un temps considérable pour faire ses devoirs. Désormais, je lui mets de la musique classique, quelque chose de pas trop entraînant, et pas trop fort, et il termine plus vite avec moins d'erreurs. En plus, sa leçon entre plus facilement et plus durablement, et il réfléchit mieux et se concentre plus longuement. »

La concentration est ce processus qui nous permet d'arriver à bout d'une tâche, d'une activité ou d'un travail que nous avons entrepris.

Votre enfant ira au bout, mais en ayant suivi des circonvolutions telles que cela lui donne le sentiment de ne pas y arriver, et à son entourage, celui qu'il se disperse et ne se concentre pas.

Ayant besoin de faire plusieurs choses en parallèle pour être efficace, on ne peut donc pas lui demander d'être uniquement à ce qu'il fait.

En ce sens, la musique et les chansons représentent un bon compromis : il fait ce qu'il a à faire, tout en chantant ou écoutant de la musique. Cela l'aide à focaliser et canaliser son attention, tout en lui conservant son efficacité et son fonctionnement caractéristique.

Si la concentration permet notamment à l'enfant de mémoriser ses apprentissages, l'étape suivante doit lui permettre de les restituer.

CHAPITRE VII

Visualiser

Votre enfant étant plus visuel et spatial que les autres, il est très à l'aise dans les exercices de visualisation. Cet excellent outil va lui permettre aussi bien de restituer ses connaissances, de se concentrer que de se détendre, ou encore d'apprendre et de réfléchir.

Utiliser son corps

Si tous les enfants et leurs parents et leurs enseignants utilisent effectivement spontanément leurs mains pour compter par exemple, il est plus rare de penser à utiliser son corps de manière équivalente.

À la maternelle, l'utilisation du corps est devenue une activité à part entière. On trouve ainsi la « semaine des couleurs », où tous les enfants d'une même classe s'habillent chaque jour d'une même couleur.

Plus tard, l'expression corporelle perdure, mais plus ou moins déconnectée des apprentissages.

À vous de trouver des parallèles pour rendre la leçon beaucoup plus « parlante ».

Pour apprendre l'heure, vous pouvez par exemple utiliser les bras et les jambes de votre enfant et les transformer en aiguilles ; il pourra ainsi mémoriser les différentes heures.

La maman de Théo lui a expliqué les pays d'Europe en lui disant qu'ils correspondaient chacun à une partie de son corps : la France, le torse ; l'Allemagne, le bras gauche ; l'Italie, la jambe gauche ; l'Espagne, la jambe droite et le Portugal, le pied droit ; l'Angleterre, le bras droit ; la Belgique, le cou ; les pays nordiques, la tête.

En somme, le procédé est une sorte de moyen mnémotechnique et restera gravé dans la mémoire de l'enfant.

Utiliser une image

Il est facile d'utiliser une image mentale lorsque votre enfant semble perdu et ne sait plus quoi faire.

L'idée consiste à lui permettre d'accéder

à ses conclusions et à ses ressources sans qu'il en ait conscience.

Pour ce faire, demandez-lui de fermer les yeux et de penser à une couleur qu'il aime, à un objet de cette couleur, à un objet qui lui fait plaisir, ou simplement à ce qui lui vient à l'esprit.

Ce peut être une glace, un fruit, une peluche.

Il n'est pas nécessaire que ce soit chaque fois la même image.

Une fois que votre enfant le visualise bien, les yeux toujours fermés, demandez-lui d'ouvrir les yeux et d'accomplir la tâche sur laquelle il bloquait, en gardant son objet toujours présent à l'esprit.

Marielle, quatre ans et demi, bloquait ainsi sur les lettres attachées, pleurant en disant qu'elle n'y arriverait jamais, que c'était trop difficile de tracer des « l ». Après lui avoir expliqué qu'elle ne pouvait pas continuer d'avoir peur d'écrire, je lui ai demandé de fermer les yeux et de penser à une couleur qu'elle aimait bien. Elle m'a répondu : « Orange. » Puis je lui ai demandé si elle aimait la glace à l'orange, et sur un « oui », je lui ai demandé de voir une orange givrée.

« Ça ne marche pas, me dit-elle en chouinant, mais je vois une pomme verte !

– Parfait ! Regarde-la bien. Tu la vois toujours ? Oui ? Alors, ouvre les yeux et fais une ligne de “l”. »

Cris de joie. Marielle était arrivée, sans y penser, à faire une ligne complète de « l » bien formés !

Depuis, elle écrit chaque jour son nom en attaché, pour son plus grand plaisir.

Le principe sous-jacent est le suivant : les enfants ont emmagasiné les connaissances dont ils ont besoin, mais ils cherchent consciemment et laborieusement, contre leur nature, à les restituer. Penser à une image mentale leur fait en somme lâcher prise et leur permet d'avoir accès aux informations dont ils ont besoin.

Il s'agit toujours de mettre à profit leur intuition, sous forme d'écriture intuitive, de lecture intuitive, de dessin intuitif…

Nous pouvons également faire visualiser l'objet qui bloque, et pas une image distincte, afin d'en avoir une vision globale.

Une vision globale

Cette technique se rapproche de l'imagerie, en ce sens que l'on demande à l'enfant d'avoir une vision d'ensemble avant de visualiser les détails.

Sarah devait dessiner un avion et répétait qu'elle ne savait pas comment faire. Sa maîtresse lui a demandé de fermer les yeux et de voir un avion. Une fois cela fait, elle lui a dit d'ouvrir les yeux et de se lancer : son avion était parfait.

C'est également ce qui se produit pour faire un puzzle. Les enfants séquentiels prennent une pièce et regardent sur le modèle à quel endroit elle correspond. Les neurodroitiers, eux, visualisent l'image globale, la fixent dans leur tête et s'en passent pour replacer les détails.

Karim essaie de faire un puzzle de huit morceaux. Il a beau regarder le modèle encore et encore, son petit morceau à la main, il n'y arrive pas. Sa maman l'aide alors en lui demandant de regarder le modèle une fois pour toutes, et elle le lui retire des yeux. Et une minute plus tard, le puzzle est terminé.

Les étapes sont les suivantes : regarder un objet, un animal, un dessin... pour en quelque sorte le photographier ; en revoir l'image dans sa tête, sans chercher à la transformer en mots ; à partir des images ainsi enregistrées, les utiliser pour les dessiner, les reproduire, ou les décrire verbalement.

Utilisez cette méthode visuelle dans l'apprentissage des lettres, chacune d'entre elles devenant un objet ou une image : le grand pont pour le « m » et le petit pour le « n », les montagnes pour le « M », et le gourmand qui va au restaurant pour le « R », etc. Créez votre imagier avec votre enfant et laissez-le s'imprégner de lui.

Vous pourrez ensuite inventer une histoire autour d'un mot pour en apprendre la graphie. Par exemple, le mot « mamie » : « Mamie passe sous le pont avec sa petite-fille pour jouer à l'écho, elle repasse de l'autre côté, cueille une fleur et saute à la corde. » Le tout en dessinant le mot, qui sera acquis une fois pour toutes.

De même avec les chiffres. Certains enfants ont besoin – ce qu'a d'ailleurs bien compris la pédagogie de maternelle – de voir les numéros. Vous pouvez vous aider de dés pour visualiser le bon compte. Ou pour terminer vos additions.

Il peut sembler plus difficile, lorsque votre enfant aborde l'algèbre, de trouver des correspondances visuelles, mais certains s'y sont essayés, avec succès, et vous en trouverez de bons exemples sur Internet.

À vous d'être créatif, de prendre des exemples qui vous correspondent à vous et à votre enfant, des anecdotes que vous avez vécues, des histoires que vous avez aimées…

Si le système scolaire joue beaucoup sur le visuel et l'auditif à l'école, c'est moins vrai lorsqu'on aborde le collège et le lycée, où il devient important de justifier son raisonnement. C'est ce que nous allons « voir » maintenant.

CHAPITRE VIII

Trouver le chemin

Trouver le chemin est difficile pour votre enfant qui, par essence, raisonne de manière intuitive, donc sans connaître le chemin qu'il a emprunté.

Il n'a cependant pas le choix et doit apprendre à justifier et expliciter ses conclusions, car cela lui sera demandé, non seulement tout au long de sa scolarité, mais encore dans sa vie d'adulte, professionnelle ou privée.

Il n'existe pas de recette magique, mais la chose reste possible si l'enfant comprend et intègre le type de logique que les autres attendent de lui, et s'il s'exerce régulièrement.

Un peu de pratique régulière

Une fois que vous savez ce qu'on attend de vous, il devient possible de le faire, en pratiquant encore et encore, jusqu'à ce que la grille de lecture fasse partie intégrante de vous-même, au point que vous n'ayez plus besoin de vous y référer.

C'est ce que me disait Delphine, treize ans : « Pour faire mon exercice de maths, j'écris l'énoncé, je laisse quelques lignes, j'écris le résultat, puis j'écris le raisonnement : vous savez, ce n'est pas bien malin, une fois que vous avez compris ce qu'ils attendent de vous ! »

Delphine fait partie de ces élèves, comme Guillaume et ses divisions, qui « voient » le résultat de leur problème mathématique sans en percevoir les étapes.

Bénédicte était élève de prépa bio. Elle avait eu son baccalauréat scientifique avec mention, « sans savoir comment, avec 2 de moyenne en maths pendant l'année », et les maths étaient vraiment sa bête noire. « Le pire, ça a été quand nous avons commencé les probabilités. J'avais beau faire, je n'y comprenais rien. Et plus j'essayais de comprendre, moins j'y arrivais. Le prof a bien vu que j'étais perdue et paniquée. Il a gentiment pris du temps après les cours, reprenant le b.a.-ba. Et surtout, il m'a dit de prendre des exercices corrigés et de les faire jusqu'à temps que ce que j'écrivais, pas par cœur, bien sûr, soit ce qu'il y avait dans la correction. J'ai fait ça, plusieurs heures par jour, pendant quinze jours. Et ça a fini par rentrer. J'étais débloquée, je suis devenue bonne élève ! Il m'avait juste manqué la confiance en moi, ou plutôt savoir que je pouvais le faire, ce qu'il avait cru, et la méthode. »

C'est vrai. Il faut simplement être persuadé que c'est possible. Et ça l'est.

Ça l'est, car si votre enfant arrive au bon résultat, à la bonne conclusion, c'est qu'il a, dans sa tête, tous les morceaux du puzzle et que celui-ci s'est agencé à son insu.

Comme il a tous les morceaux, il peut donc aller les rechercher.

Ce n'est pas très difficile, et cela ne nécessite qu'un peu de pratique.

Utiliser son intuition

À partir du moment où toutes les informations sont mémorisées, votre enfant est indéniablement capable de les retrouver.

Une fois qu'il a intégré ce qu'il est censé faire, qu'il s'agisse d'un raisonnement mathématique, de la production d'un plan, de lecture, de quelque production séquentielle que ce soit, il est capable de réussir en faisant confiance à son intuition.

Le principe est d'abord d'arriver à faire lâcher prise à l'hémisphère gauche, qui force les enfants à fonctionner contre leur nature propre, puis de donner le contrôle à l'hémisphère droit et laisser l'enfant penser sans réfléchir.

Une technique est d'aider les enfants à se concentrer sur une couleur ou une image mentale qui leur correspond. Nous avons vu qu'ainsi ils peuvent sortir de la domination séquentielle de l'hémisphère gauche. Cela fait, demandez-leur d'ouvrir les yeux et de produire leur raisonnement sans y penser, tout en restant focalisés sur leur image.

Cela fait souvent des « miracles » : des enfants jusque-là bloqués par la lecture, persuadés qu'ils ne savaient pas lire, deviennent quasi instantanément capables de lire couramment.

Trouver le chemin peut aussi s'inscrire dans un autre cadre : plutôt que de justifier pour justifier, il peut être intéressant de demander aux enfants d'observer et de décoder ce que l'enseignant attend d'eux.

En ajoutant de la complexité à une tâche trop facile pour eux (donner une évidence ne nécessite aucun effort), vous rendrez leur travail plus intéressant et plus motivant.

CHAPITRE IX

Ajouter de la complexité

Le goût de la complexité, de la difficulté ou du challenge sont autant de clefs à la motivation de votre enfant. Elles correspondent à la mise en branle de leurs différentes lignes de raisonnement, au fait qu'il aime faire plusieurs choses en parallèle.

Quel que soit le domaine, il a donc besoin de cette complexité, voire de la créer ou d'en rajouter si elle n'existe pas.

Complexifier les choses trop simples revient par exemple à changer l'objectif initial, et le transformer en tremplin pour en atteindre un autre.

Changer l'objectif initial

La répétition, séquentielle par excellence, ne peut pas intéresser votre enfant et il la vit comme une perte de temps. Puisque ses idées lui viennent d'un coup, sans effort, il ne conçoit guère qu'il doive s'entraîner pour s'améliorer.

D'où la difficulté à avoir une « belle » écriture par exemple.

À cinq ans, Joëlle écrit « comme un cochon ». Sa mère essaie de lui expliquer qu'il faut qu'elle s'applique. Joëlle lui répond en pleurant qu'elle n'y arrive pas et qu'elle ne sait pas comment faire. « Écoute, on va essayer ensemble. » Bien entendu, ça ne marche pas, et les deux se braquent l'une contre l'autre : l'une qui n'y arrive pas, et l'autre qui s'escrime à vouloir lui faire faire des lignes.

Jusqu'à ce que la directrice, croisée au hasard d'un couloir et à qui la maman expliquait son désarroi, lui dise : « Oh, il n'y a qu'à lui faire les lettres dessinées ! » Depuis, Joëlle ne fait plus d'écriture, mais des dessins qui « bizarrement » ont forme de lettres, et son écriture s'en est grandement améliorée.

Les tâches les plus complexes sont celles qui les intéressent et les motivent.

Vous devez ainsi aider votre enfant à complexifier les tâches trop simples et peu motivantes pour lui.

La première étape consiste à observer rétroactivement votre enfant afin de constater qu'il atteint toujours son objectif, quels que soient le temps et l'énergie que cela lui a demandé. Attention, cependant, à ne pas vous tromper d'objectif.

Par objectif, j'entends « ce qu'il est censé faire », sans jugement de valeur, sans degré de satisfaction : c'est fait ou pas, et il n'y a pas de milieu possible.

C'est par exemple : passer dans la classe supérieure, s'habiller, aller à l'école, faire ses devoirs, etc. En faisant attention à ne pas vous laisser parasiter par les inévitables « oui, mais ».

Oui, mais il aurait pu mieux faire ; oui, mais il aurait pu aller plus vite ; oui, mais on a failli être en retard ; oui, mais il fait tout au dernier moment…

Ces nuances, importantes je vous l'accorde, ne doivent pas ici entrer en ligne de compte : c'est fait ou pas !

Faites le constat, et vous découvrirez que votre enfant atteint le but à chaque fois.

Partant de ce constat que, quel que soit ce qu'il a à faire, ce sera fait, vous pouvez changer l'objectif de sa tâche. Il ne s'agit plus alors de la mener à bien, puisqu'encore une fois ce sera le cas, mais de le faire différemment et de la complexifier.

Il peut s'agir de rédiger son devoir le plus vite possible, ou alors sans brouillon, d'être le premier de la classe à avoir terminé, de s'en servir pour l'envoyer à un magazine pour enfants, de le publier sur Internet…

Ou encore, de chercher la règle sous-jacente, l'implicite, d'un devoir donné, voire plus généralement la règle de l'école.

Vous pouvez également créer un défi : cela pousse à se dépasser et à mobiliser toutes ses ressources dans une direction qui en vaut la peine, qui est motivante et qui donne satisfaction.

C'est ce qu'a fait Antoine lorsqu'il avait dix ans et que sa professeure d'histoire lui a dit qu'il n'aurait jamais la moyenne : « Elle nous a demandé de faire un exposé, je m'en souviens, j'ai choisi la banquise, et j'ai eu 17/20 pour lui prouver qu'elle avait tort ! Elle était la première ravie, car son stratagème avait fonctionné, et je suis resté bon élève avec elle. »

Pour un neurodroitier, les choses faciles sont difficiles et, à l'inverse, les choses difficiles sont faciles.

Un bon moyen pour rendre un travail difficile consiste également à le commencer par la fin.

Commencer par la fin

Commencer par la fin possède deux avantages : nous venons de voir le premier, qui est d'ajouter de la complexité ; le second est d'en donner une vision globale.

Prenez son manuel à l'envers, et commencez par la dernière leçon : cela lui montrera ce qu'il devra savoir à la fin de l'année, le motivera en suscitant des interrogations chez lui, et mettra ses apprentissages dans une perspective d'évolution.

De même pour une leçon, commencez-la par le résumé ou la synthèse qui la clôture : il saura ainsi où il doit aller et ce que l'enseignant attend de lui.

Vous pouvez également essayer de lui donner les livres, ou cahiers d'exercices, des années suivantes : il se rendra ainsi compte qu'il aura besoin des apprentissages de sa classe pour réussir ultérieurement.

Faites attention cependant à ne pas le démotiver en lui montrant qu'il ne sait pas faire. Ce n'est pas l'idée !

Le but est de mobiliser ses capacités et ses ressources pour le motiver.

Enfin, cherchez à créer du sens.

Créer du sens et des liens

En effet, les programmes scolaires sont séquencés et fournissent donc peu de lignes directrices dont a besoin votre enfant.

À vous donc de l'aider à faire des ponts entre les matières pour lui donner la vision globale dont il a besoin.

Combien d'enfants répètent-ils que l'histoire ne sert à rien, car ils vivent dans le présent, et que le passé c'est du passé !

Partant, ils ne peuvent pas avoir de bons résultats en histoire !

Étienne était bon élève en mathématiques et tenait ce discours sur l'histoire. J'ai mis sa maman à contribution pour l'aider à construire une sorte d'histoire des maths et trouver à chaque période qu'il étudiait des ponts avec cette matière.

Il est ainsi « tombé dans la marmite » et a fini par avoir de bons résultats.

Antonin, lui aussi bon élève en maths, me disait : « Je ne peux pas être bon en français. On est bon en maths ou en français, mais pas dans les deux ! »

Lieu commun s'il en est, faux au demeurant.

Ce qu'Antonin s'est appliqué à démontrer lorsque je lui expliquai que la grammaire n'était qu'une question de logique,

que la logique il connaissait, et qu'il n'avait qu'à appliquer un raisonnement mathématique à un exercice de français. Ça l'a interpellé, et il devenu bon élève en français aussi.

Ajouter de la complexité va permettre à l'enfant neurodroitier d'augmenter, voire d'initier, sa motivation, et donc d'aller au bout de son travail.

Cela lui permet également de donner du sens à ce qu'il fait, ce sens et cette compréhension dont il a tant besoin et enfin de sortir de la littéralité qu'il accorde à chacun des mots, en découvrant la règle qu'il est censé suivre.

Les outils que nous venons de voir interviennent à toutes les étapes du processus de traitement des informations :

– la mémorisation et la concentration, notamment avec la musique ;

– la structuration et l'organisation de la pensée avec les cartes mentales ;

– la restitution des connaissances avec la visualisation ;

– la motivation avec la complexification des processus ;

– l'argumentation.

Tous sont des outils très performants, aussi bien à la maison qu'à l'école.

À vous de les essayer, et surtout de les adapter à votre enfant, à ses besoins et aux vôtres.

Enrichissez-les de matériels ludiques et pédagogiques que vous trouverez notamment chez les fournisseurs de collectivités :

ils représentent une mine d'informations et de supports pratiques.

Explorez également les sites Internet dédiés à l'accompagnement des enfants : ils fourmillent d'idées d'activités de toute sorte.

Enfin, n'oubliez pas que votre enfant n'est qu'un enfant, et que le plus important pour lui reste le jeu : essayez le plus possible d'introduire vos outils de manière ludique.

Cela ne veut pas dire qu'il cessera de vous poser des questions ou que vous devrez cesser de lui fournir des explications.

C'est particulièrement vrai en ce qui concerne ce que j'appelle « les règles du jeu » : les règles de la vie en société.

Étant différent, votre enfant ne comprend pas que ce qui lui semble si évident soit pris en défaut lorsqu'il se trouve confronté à d'autres enfants.

À vous, donc, de lui expliquer, encore et encore, ce qui fonde la vie en communauté, ce qu'on attend de lui, et pourquoi les autres sont différents. Bref, la règle du jeu.

TROISIÈME PARTIE

Les règles du « jeu »

Les programmes 2008 fixent deux priorités pour l'école maternelle : progresser dans la maîtrise de la langue et « devenir un élève ».

Devenir un élève, c'est d'abord acquérir des règles : règles de civilité et principes d'un comportement adéquat qui ne sont pas propres à l'école, comprendre ce qu'est l'école et ce que sont les règles de l'école.

Cela n'est possible que si l'enfant peut saisir le sens de ces règles, notamment par rapport à son histoire personnelle.

L'enfant intuitif comprend rapidement que son rôle d'élève est d'apprendre ce que l'enseignant lui apprend.

Et cette règle est tout aussi rapidement prise en défaut lorsqu'il découvre qu'on lui demande de suivre des procédures qu'il ne comprend pas : apprendre nécessite d'obtenir un résultat (ce qu'il produit), pas de suivre un chemin particulier, qu'il est incapable de comprendre ou d'expliciter.

La clef est alors de lui expliquer la règle du jeu : que son rôle ne se limite pas à apprendre, mais qu'il est là également pour apprendre à être élève, c'est-à-dire à faire ce qu'on attend de lui.

La première étape pour cela consiste à l'amener à en prendre conscience.

CHAPITRE X

Ce qu'on attend de moi

Explicitée en maternelle et au primaire, au moins en ce qui concerne les comportements et les attitudes, la règle du jeu tend à devenir implicite au collège. Elle l'est complètement au lycée et à l'université.

Et c'est là ce qui pose problème !

Car il manque à votre enfant le « décodeur » pour savoir ce que l'enseignant attend, alors que c'est sous-entendu pour les autres.

C'est le sens de la question, le sens du devoir sur table, de la dissertation sur laquelle votre enfant a des idées, mais à qui il manque le mode d'emploi.

Il prend en effet pour acquis qu'il faut réfléchir par lui-même, alors qu'on ne lui demande que de mettre en forme les notions qu'il a apprises en cours.

Telle Émeline, étudiante en troisième année de lettres, déstabilisée lorsqu'elle comprend qu'on attend juste d'elle qu'elle

« recrache ce qu'elle a appris », c'est-à-dire qu'elle montre qu'elle a assimilé la pensée des auteurs qu'elle a lus.

Tel Justin, pénalisé, car il a réfléchi sur la définition du sujet de philo en essayant de l'analyser au lieu de le tenir pour acquis. « Le prof de philo nous demande de plancher sur l'influence du courage sur la nature humaine. J'étais content de moi. J'ai d'abord essayé de définir la nature humaine, et arrivant à la conclusion que la nature humaine était indéfinissable, j'ai axé ma dernière partie sur le fait que le courage ne pouvait pas influencer quelque chose d'indéfinissable. Le prof a tout barré en rouge, et écrit en gros "Provocation". Total, j'ai eu 2/20, alors que je m'étais vraiment donné à fond. » Une fois qu'il eut compris ce qu'on attendait de lui, il a été capable de répondre avec brio.

En premier lieu, on attend d'un élève qu'il montre qu'il a appris et compris ce que ses enseignants ont essayé de lui apprendre. Cela peut vous sembler évident, mais je peux vous assurer que ça ne l'est pas pour votre enfant.

Le corollaire est qu'il n'y a pas de piège lorsque l'enseignant pose une question. Que de fois les personnes que je reçois me disent ne pas avoir répondu à une question qu'elles trouvaient tellement évidente qu'il devait forcément y avoir un piège ! Il est tellement « idiot » de répondre « jaune » à la question « De quelle couleur est mon feutre ? » puisque l'enseignant, étant quelqu'un d'intelligent, ne peut pas poser une question aussi triviale ! Aussi répondent-elles « Je ne sais pas », alors que c'était pourtant la bonne réponse. Sans piège.

Cela donne de mauvaises notes et conduit non seulement à de mauvaises appréciations, mais surtout à une dévalorisation de soi et une culpabilité destructrice.

En second lieu, l'élève doit montrer un certain nombre de comportements traduisant sa concentration, son écoute, son attention, et par là son intérêt pour le discours du professeur.

Quoi de plus horripilant, nous dit Laurent, professeur de français en troisième, que l'élève qui regarde par la fenêtre, gribouille sur son cahier, parle à ses voisins, cherche dans son cartable ou sa trousse ? « Automatiquement, je pense que ce que je dis ne l'intéresse pas, qu'il est impertinent et qu'il se moque de moi. Surtout lorsque je lui demande de répéter ce que je viens de dire… et qu'il le fait. Car alors, cela revient à dire à toute la classe que j'ai tort ! »

L'enfant doit ainsi se montrer discret, ne pas « gigoter » sur sa chaise, avoir un bureau rangé, ne pas passer son temps à chercher ses affaires, prendre des notes consciencieusement, participer à bon escient.

Or votre enfant ayant besoin de faire plusieurs choses en même temps (c'est la base de sa concentration et de sa mémorisation), il a donc le plus grand mal à rester sur sa chaise.

Carl, aujourd'hui cadre dirigeant d'une entreprise, me le disait : « J'ai arrêté mes études dès que j'ai pu. Pour moi, rester assis sans bouger de la journée était un calvaire. Je m'en souviens encore comme d'un cauchemar. »

Votre enfant est friand d'explications. Jouez sur cette corde pour lui expliquer ce que les autres attendent de lui. Explicitez-lui les règles de la vie à l'école comme de la vie en société de manière plus générale. Il suffit d'ailleurs parfois d'un « ça ne se fait pas » en réponse à sa question.

N'entrez pas dans une logique de « tout ou rien », car il vous opposerait en contre-exemple les situations où votre règle a été prise en défaut.

Et il aurait raison.

Car toute règle ne vaut que tant qu'elle est adaptée à son contexte.

En ce sens, apprenez-lui plutôt à adapter son attitude, son propos et son travail à son interlocuteur.

CHAPITRE XI

L'utilisateur final

Il en existe certainement d'autres, mais je n'ai pas trouvé de meilleur terme que cette expression informatique pour exprimer que chaque tâche entreprise se doit de l'être dans un but donné, en fonction de la personne à qui elle est destinée.

On n'agit pas pour soi-même – du moins, pas seulement.

Par essence, lors de la scolarité, l'utilisateur final est l'enseignant qui donne un travail.

Il s'agit d'une règle implicite que malheureusement l'élève neurodroitier oublie trop souvent, car il fonctionne par rapport à son propre système de valeurs qu'il étend aux autres : pour lui, chacun des autres qui nous environne fonctionne de la même manière que nous-mêmes. Pour l'élève, il est donc logique de penser que l'utilisateur final demandera ce que lui-même demanderait à sa place, occultant ainsi leur différence.

Ainsi Émilie, élève en master 1 de lettres, qui se désespère de ses mauvaises notes, sans comprendre comment elle les obtient, alors qu'elle connaît bien son sujet et termine chaque fois « hors sujet ».

Hors sujet, car elle veut produire une « pensée neuve » en réponse à la question : « Que pouvez-vous dire de... », ou « Que peut-on penser de... ».

Je lui expliquai, comme je le fais avec tous les élèves et étudiants que je reçois, que le professeur ne lui demandait pas d'être novatrice[1]. Que son seul but, en fait, était de vérifier qu'elle avait acquis les connaissances qu'il lui avait enseignées.

« Mais ce n'est pas intéressant ! » me répondent immanquablement mes interlocuteurs.

Je ne poserai pas de jugement, mais je dirai que c'est « comme ça » et qu'au moins, ainsi, c'est beaucoup plus facile.

Qu'il ne leur reste qu'à agencer leurs connaissances, en gardant le professeur et ses *desiderata* en ligne de mire, et que le résultat sera atteint.

Ainsi, la question change. De « Qu'est-ce

---

1. Cela dépend bien sûr des sujets, des contextes et des enseignants. Mon propos est ici volontairement réducteur par souci didactique.

que j'aimerais dire ? », elle passe à : « Qu'est-ce qu'il veut que je dise ? »

La satisfaction devient en quelque sorte externe ; ce n'est pas pour se faire plaisir avec un exercice de réflexion que les élèves « planchent », mais pour l'obtention d'une note qui correspond à la règle scolaire.

Cela nécessite un gros effort de la part de ces enfants qui sont plutôt perfectionnistes.

Vous les aiderez à faire évoluer leur point de vue en leur expliquant la distinction qu'il y a entre un artiste et un artisan, entre perfectionnisme et adéquation à une demande.

CHAPITRE XII

Artiste et artisan

Dans la veine de ce que nous venons de voir, je dirai que la différence entre l'artiste et l'artisan revient, encore une fois, à la personne à qui l'on s'adresse : l'artisan travaille en vue de satisfaire son client, l'artiste peut se permettre de penser à ses propres exigences [1] et de produire sa vraie « pensée neuve ».

Jérémie est élève en arts appliqués. Il ne rend son travail que lorsqu'une amie le lui arrache littéralement des mains : « Nous avions un projet de lampe à terminer. Comprenez-moi, je ne pouvais pas le rendre : je n'avais qu'un prototype, bancal,

1. Cela serait à nuancer, car l'artiste qui oublie que son œuvre peut être achetée, et donc, ce qui est susceptible de plaire à son acheteur, ne vivrait peut-être pas de son art. Encore une fois, je cherche à préciser les idées, pas à poser un jugement définitif.

qui plus est ! Je ne me sens pas en droit de rendre à mon professeur un travail bâclé ! »

Bâclé, son projet ne l'était pas, mais inachevé, certainement, faute de moyens industriels que Jérôme n'avait évidemment pas à sa disposition.

La perfection est quelque chose de très relatif, au sens où seule la personne qui la vit peut la définir : en effet, ce qui est parfait pour l'un ne le sera probablement pas pour l'autre.

Arthur, élève en seconde, a rendu son devoir d'histoire après avoir passé des heures à chercher les bonnes informations, à les mettre en place, à réfléchir, à rédiger, en pesant ses mots, et en produisant les illustrations qui lui semblaient parfaites. Le résultat prend quinze pages et le commentaire du professeur a été : « Ç'aurait pu être un bon travail si le foisonnement des détails n'en rendait la compréhension difficile. Apprenez à synthétiser », avec une note de 11/20.

Pas si mauvais me direz-vous, mais pas à la hauteur de l'espérance d'Arthur qui visait en secret le 20/20 !

L'idée qu'un devoir puisse être trop parfait pour valoir 20 le déstabilise complètement, et lorsque je le revois pour lui expliquer que le professeur ne demandait pas un devoir de recherche, qu'il n'avait pas le temps de lire des copies aussi longues, qu'il ne voulait que vérifier que ses élèves savaient réfléchir et avaient les bonnes connaissances, Arthur est encore plus perplexe.

« Réfléchir, c'est ce que j'ai fait pourtant ! »

Oui, et non : pour Arthur, comme pour ses *alter ego*, réfléchir revient, encore une fois, à créer une pensée neuve.

Pour les enseignants, comme pour la plupart des pédagogues, voire des philosophes, réfléchir revient à montrer que l'on sait argumenter ses conclusions.

Un même mot pour deux concepts différents.

Une fois prise en compte cette distinction, Arthur accepte de discuter l'idée qu'il doit être artisan et non artiste, et donc satisfaire le client de sa commande.

« Mais quand même, tout cela n'est pas satisfaisant ! Comment voulez-vous que j'accepte de me contenter de cette médiocrité ? »

Je comprends bien ce qu'il me dit, mais il ne s'agit, encore, que d'une différence de point de vue : médiocrité pour lui, bon travail pour son professeur.

Acceptant cependant d'essayer, Arthur

rédige son devoir suivant en s'aidant d'Internet, pour gagner du temps, et en faisant ce qu'il appelle « un devoir bateau, sans aucune originalité, et qui ne présente aucun intérêt : je n'ai fait que prendre les informations sur Internet et me les approprier ! Ce n'est pas du boulot ! »

Peut-être. Mais cela lui a valu la note de 18/20 !

Alors ?

Apprendre à adopter le point de vue de l'autre et sortir de son propre jugement est fondamental pour ces enfants, afin de faire baisser leur degré d'exigence et leur niveau de perfection.

Sans non plus tomber dans le piège de la « médiocrité », comme ils me le disent tous.

Non, plutôt apprendre à décoder les situations, et y adapter son travail : il est des situations dans lesquelles la perfection est de mise, il en est d'autres où il faut simplement faire ce qu'on attend de nous, ni plus ni moins, et sans chercher à comprendre plus avant.

CHAPITRE XIII

Il n'y a rien à comprendre

Comprendre est le maître mot chez les neurodroitiers : ils ont un mal fou à entreprendre quoi que ce soit tant qu'ils ne savent pas pourquoi, qu'ils n'en ont pas une vision globale et qu'ils n'en comprennent pas l'intérêt.

Or, parfois, souvent, il n'y a rien à comprendre.

Juste à appliquer un principe, une théorie, car rien de sous-jacent ne s'y dissimule.

Et juste à répondre à une question, car elle ne cache aucun piège.

Clément, en classe de troisième, prépare son brevet de français : « Pour l'explication de texte, j'avais un texte à lire, et à la fin je devais répondre à des questions. L'une d'elles me demandait de citer le nom des personnages ! J'ai eu beau lire et relire, je n'ai pas compris ce qu'ils me demandaient. Car enfin, les personnages sont ceux qui nous racontent le texte. Donc, ils sont aussi connus que le titre. J'ai cherché s'ils parlaient de personnages secondaires, mais rien à faire, je n'ai rien trouvé, et je n'ai rien répondu. »

Clément considérait là que les questions avaient été posées par quelqu'un d'intelligent, son professeur, qu'il respecte, et qu'il était impossible de répondre par une évidence connue de tous.

Cherchant à comprendre ce que l'enseignant avait pu vouloir dire, il s'est éloigné de plus en plus de sa question et n'a pas su y répondre.

Certains étudiants sont encore poursuivis par ces démons lorsqu'ils doivent remplir un dossier : « Devant les cases à remplir, ça y est, je panique, me creusant la tête pour savoir quoi répondre. »

Rebelote, il n'y a rien à comprendre, juste à répondre à la question littéralement : le titre, le résumé, quelques lignes descriptives de leur projet.

Mais pour eux, dans leur système perfectionniste, il est impossible qu'un enseignant, du supérieur qui plus est, puisse se satisfaire de banalités et d'évidences. Et pourtant ! Car l'enseignant en question n'a besoin que d'un support officiel décrivant brièvement les choses. Il ne veut rien de nouveau dans lequel il se perdrait et qu'il ne pourrait pas faire accepter par la commission pédagogique.

Une fois intégrée l'idée que nous allons à l'école pour apprendre, avoir des bonnes notes et passer dans la classe supérieure, il devient plus facile de comprendre qu'il n'y a justement rien à comprendre et qu'il ne s'agit que de restituer des connaissances selon un cadre prédéfini.

Que de fois ai-je entendu la phrase : « Je suis nul, je ne comprends rien aux maths » !

Rappelez-vous l'exemple de Bénédicte[1], élève de prépa bio, qui, elle non plus, ne comprenait rien aux maths. Jusqu'à ce qu'elle saisisse qu'il ne s'agissait pas de comprendre, mais simplement d'appliquer et de pratiquer, encore et encore.

Expliquer à vos enfants qu'il n'y rien à comprendre les déstabilise fortement, eux qui ne savent pas fonctionner sans essayer de comprendre le monde et ceux qui les entourent.

Une fois leur première réaction passée, vous pouvez les aider à assimiler cette idée.

En vous basant par exemple sur ce qu'ils ont déjà vécu, les exemples qu'ils ont réussis et ceux qu'ils ont ratés.

---

1. Voir au chapitre VIII.

Sans avoir peur d'entrer dans un dialogue avec eux, qu'ils sauront argumenter.

« Quelle était finalement la réponse lorsque tu as répondu "je ne sais pas" ? La maîtresse voulait juste savoir le nom de la petite fille de l'histoire.

– Je ne sais plus ce que j'ai pensé, mais je sais que je n'ai pas voulu répondre Mathilde, parce que je pensais que ce n'était pas ça.

– Et pourtant, c'est ce que voulait la maîtresse. Elle voulait juste vérifier que tu t'en souvenais.

– Mais c'est bête.

– Non, c'est comme ça, à l'école, la maîtresse doit vérifier que chaque enfant a compris et se souvient, c'est ça la règle et il n'y a rien à comprendre, juste à faire.

– ... »

Vous appuyant sur son savoir, sur son expérience, sur des exemples qui lui parlent, vous ancrez ainsi dans son esprit le fait qu'il n'y a parfois rien à comprendre.

Comment se comporter dans un monde dont on ignore tout ?

C'est ce que vous venez de commencer à faire en expliquant à votre enfant les règles de la vie en communauté : que la quête de sens n'est pas forcément utile et qu'il est des circonstances dans lesquelles il n'y a rien à comprendre ; qu'il est nécessaire de s'adapter à son interlocuteur, du moins si l'on veut avoir un échange avec lui ; que l'école peut être un lieu d'apprentissages, mais pas uniquement scolaires.

Que c'est un lieu de vie, une seconde maison en quelque sorte, où l'on côtoie d'autres enfants de qui l'on apprend à découvrir les richesses, et à les partager, à jouer avec eux, à se fâcher et se réconcilier, à travailler ensemble en faisant des compromis et en affirmant également son point de vue… un endroit où l'on apprend à vivre ensemble.

La première étape revient encore une fois à expliciter les règles à votre enfant.

Vous venez de le faire.

La seconde étape consiste à lui donner les moyens de suivre ces règles, à sa façon, avec sa personnalité et son caractère, en élaborant donc des tactiques et des stratégies appropriées et faciles à mettre en œuvre.

QUATRIÈME PARTIE

Quelques stratégies

Le but est de donner à votre enfant les moyens de s'épanouir dans un monde majoritairement autre.

Pour nombre d'entre eux, comme pour certains des adultes que je vois, cela a jusqu'à présent toujours voulu dire entrer dans une case qui ne leur correspond pas, entrer dans une logique qui n'est pas la leur, aliéner leur personnalité et fonctionner tellement à contre-courant que c'en est devenu pesant, laborieux, voire complètement inefficace et surtout déstabilisant et déstructurant.

Il ne s'agit donc pas de transformer un rond en carré ou un carré en rond, mais de faire en sorte de communiquer les uns avec les autres, en atteignant un but commun, même si le chemin peut être, et sera, différent.

La plupart des stratégies qui suivent visent à mieux intégrer votre enfant au système scolaire.

En effet si, pour l'adulte que vous êtes, l'univers se partage en domaines professionnel, familial et amical, pour l'enfant l'école représente l'univers dans son ensemble : les amis et le travail s'y trouvent réunis, et la famille lui pose question sur question à ce sujet. Tous les domaines s'y trouvent regroupés, si bien que, si l'un d'entre eux ne va pas, il n'a pas les moyens de se reporter sur un autre.

Nous allons donc développer des tactiques qui vous permettront d'aider votre enfant à être mieux en classe, à mieux réussir ses devoirs et ses devoirs sur table, mais aussi à apprendre à se comporter avec les copains et à la maison.

CHAPITRE XIV

À l'école

Une fois les règles de l'école connues et surtout explicitées, reste à savoir comment y adapter les comportements de votre enfant, afin qu'il puisse continuer d'être lui-même sans se faire mal voir.

Comment bayer aux corneilles en classe, et ne plus s'ennuyer

L'idée est de faire ce que l'enseignant attend tout en faisant autre chose qui sera « politiquement correct », c'est-à-dire qui passera inaperçu ou sera acceptable.

En règle générale, vous pouvez d'abord parler aux enseignants de votre enfant ; la plupart seront ouverts à vos explications. Il m'arrive fréquemment d'être en contact, soit avec les professeurs des écoles, soit avec les directeurs ou directrices, soit avec les professeurs principaux ou les conseillers principaux d'éducation. Je n'ai jamais eu à me plaindre d'une fin de non-recevoir.

En effet, ils sont là, dans leur grande majorité, pour faire en sorte que les enfants réussissent à l'école. Ils sont donc preneurs de tout ce qui peut les aider à aider un enfant.

Je me souviens de Mathieu, maître d'Augustin que je suivais à mon cabinet : « Je suis content que vous m'appeliez. Je suis en échec avec Augustin, j'ai l'impression d'avoir tout essayé, et je vais mettre en place ce que vous venez de me conseiller. »

Mettez donc les enseignants à contribution en expliquant qui est votre enfant : il y a fort à parier qu'ils aient perçu ses différences et essayé d'en tenir compte. Vous leur rendrez service en leur donnant des outils pour avancer.

Que peut-on conseiller ?

De continuer à bayer aux corneilles, mais à bon escient. À Julie, dont la maîtresse dit qu'elle est inattentive et dispersée car elle regarde par la fenêtre, je conseille de continuer à regarder par la fenêtre, mais moins longtemps, et à des moments bien particuliers. Lorsqu'elle a un travail à faire, qu'elle écoute la consigne, elle regarde par la fenêtre afin de l'assimiler et de se mettre à son activité sans réfléchir.

De rendre les cours intéressants, alors qu'ils sont par définition linéaires, donc rébarbatifs. N'oublions pas que votre enfant a besoin de complexité : les tâches simples l'ennuient. Faire ses devoirs pendant que le professeur fait sa leçon, discrètement bien entendu, ou mieux encore : apprendre sa leçon en même temps, cela peut être une alternative intéressante. Comme celle de faire ses résumés de chapitre, ses synthèses durant le cours. Dessiner une carte mentale en même temps permet cela sans que l'enseignant puisse y trouver à redire.

De la même manière, utiliser les couleurs et faire en sorte que son cours soit d'emblée mis au propre rend l'écoute de la leçon plus intéressante, ou ajouter des croquis pour rendre ses notes plus vivantes.

Pour l'aider à tenir en place, il faut penser à une activité qui soit suffisamment discrète et surtout suffisamment efficace. Je ne parlerai pas du « mâchouillage » de crayon, classique chez ces enfants.

Certains sont aidés par la vue d'une couleur qui leur est chère et qui les détend. Si c'est le cas de votre enfant, arrangez-vous pour que cette couleur soit la plus présente dans son bureau : recouvrez-en ses livres, ses cahiers, trouvez une trousse et des stylos adéquats, et apprenez-lui à étaler ses affaires devant lui de sorte qu'il soit dans un environnement coloré.

Toutes ces idées ne sont que des pistes : à vous d'être créatif et de vous adapter à votre enfant, en n'oubliant pas qu'il a besoin de bayer aux corneilles et de faire plusieurs choses en même temps, et qu'il est plutôt visuel.

Réussir son devoir sur table

La clef, au-delà de toutes les techniques, est d'arriver à prendre conscience de la manière dont votre enfant fonctionne, afin qu'il puisse avoir confiance.

Confiance en lui pour ne pas être déstabilisé par un système qui travaille « à son insu ».

Confiance en ce fonctionnement afin de dire à son enseignant que tout va bien, même s'il ne travaille pas de manière équivalente aux autres.

Sarah me racontait qu'elle rêvassait en classe pendant son devoir sur table : « Mon prof de français est venu me voir une première fois pour me demander ce qui n'allait pas. Évidemment, je n'avais encore rien écrit. Je lui ai dit que ça allait, et j'ai continué à ne rien faire. Il est revenu à la charge, me demandant en quoi il pouvait m'aider. À force, j'ai perdu mes moyens, j'ai fait ce qu'il me demandait, un plan, un brouillon, et bien sûr j'ai eu une sale note. »

Ou encore Paul, en situation d'examen, qui, après avoir lu son sujet et regardé dans le vague pendant un moment, a eu le malheur d'observer ses voisins : « Je les ai vus. Ils avaient déjà "gratté" des pages et des pages, quand je n'avais même pas commencé. Je me suis mis à paniquer et je me suis précipité pour rattraper le temps que j'avais perdu. J'ai eu une note médiocre. »

Le plus dur, en situation d'examen ou de devoir sur table, c'est de ne pas se laisser impressionner par les autres.

NE PAS SE COMPARER AUX AUTRES

Surtout, surtout, ne laissez pas votre enfant se comparer aux autres : leur méthode de travail ne lui correspond pas.

Alors, que doit-il faire ?

D'abord, laisser son sujet l'imprégner, puis laisser faire son cerveau. Tranquillement, sans essayer de réfléchir consciemment.

Apprenez-lui à recréer l'ambiance dans laquelle il travaille bien : qu'il visualise sa chambre, son bureau, la vue de sa fenêtre, en somme son contexte habituel. La puissance de son imagination est telle qu'il se retrouvera dans le même état d'esprit. Il sera plus détendu et retrouvera ses capacités qui lui manquent sinon. Son cerveau fera le reste.

C'est ce qu'a fait Marie, avec succès : « Lorsque je suis chez moi à réfléchir, je me mets à marcher, à tourner autour de la table. Pendant ce temps, mes idées se mettent en place. En situation d'examen, j'étais souvent bloquée, dans ma tête, parce que le sujet ne m'intéressait pas, et matériellement, car je ne pouvais pas me lever. Je demandai une fois ou deux d'aller aux toilettes, mais ça n'était pas suffisant. À partir du moment où je me suis mise à m'imaginer chez moi, en train de marcher, mon cerveau s'est débloqué. »

JETER SES IDÉES SUR LE PAPIER : UNE CARTE MENTALE

Écrire chaque idée sur un papier, puis les disperser sur la table, ou bien construire une carte mentale de ses connaissances, permet de faire le point sur ce que votre enfant sait. Cela lui donne confiance dans sa mémoire et lui permettra ensuite de clarifier ses idées.

Qu'il s'arrête ensuite et n'aille pas plus loin (pas encore) dans sa réflexion.

RESTER À NE RIEN FAIRE

Qu'il reste ensuite là, sans rien faire, les yeux dans le vague, à regarder devant lui sans rien voir, ou à faire des gribouillages.

Qu'il fasse abstraction de tout ce qu'il vient d'écrire, en y jetant juste un coup d'œil de temps en temps, sans se concentrer.

Il laisse ainsi à son cerveau le temps de traiter son sujet.

FAIRE UN PLAN (TRÈS) SOMMAIRE, VOIRE PAS DE PLAN DU TOUT

Lorsqu'il se sentira prêt, il aura acquis une vision globale de son sujet. Il pourra alors, s'il en éprouve le besoin, pour se rassurer et rassurer son enseignant, écrire son plan. Un plan très sommaire suffira.

Tout en conservant les papiers sur lesquels il aura jeté ses idées, ou sa carte mentale : ils lui permettront de s'assurer qu'il n'oublie rien.

Apprenez-lui à imaginer qu'il vous raconte ce qu'il a envie de dire, et pas qu'il est en train de plancher.

RÉDIGER

Il peut maintenant commencer sa rédaction. Sans brouillon. Ce n'est pas nécessaire.

Qu'il se laisse prendre par son sujet : c'est lui, ou la page blanche, qui le guidera.

Et qu'il fasse confiance à sa petite voix : il sait où il doit aller.

Qu'il fasse des pauses de temps en temps, qu'il mettra à profit en ne faisant rien : c'est ce qui lui permettra de mieux repartir.

Qu'il n'oublie surtout pas la règle du jeu : il n'est pas là pour produire une pensée neuve, mais pour montrer qu'il a assimilé son cours et qu'il peut répondre à la question qui lui est posée, question qui ne présente d'ailleurs aucun piège.

Qu'il augmente également sa motivation en se créant un défi (je serai le premier sorti de la classe), et pas en choisissant un sujet qu'il sait pertinemment qu'il ne connaît pas.

Faire ses devoirs

S'il est un domaine qui inquiète les parents, c'est bien celui des devoirs.

Ils viennent ainsi me voir en me disant à peu près tous la même chose : que leur enfant a un problème de concentration et d'attention, qu'il ne sait pas travailler, qu'il est fainéant, ne fiche rien, se disperse et refuse de travailler.

Nous avons tous présente à l'esprit l'image de l'élève studieux qui rentre chez lui, prend son goûter, s'installe à son bureau, sort son cahier de texte, regarde ce qu'il a à faire, le fait, range ses affaires et prépare ce dont il aura besoin le lendemain.

Il s'agit peut-être d'une image d'Épinal, donc caricaturale, mais elle imprègne notre vision à tous.

Malheureusement.

Malheureusement, car votre enfant ne peut pas, ou avec grande difficulté, entrer dans ce moule.

Cela implique en effet pour lui un travail monotâche qui, par définition, est contraire à sa nature, contre-productif, inefficace, ou laborieux et poussif.

Votre enfant doit laisser son raisonnement intuitif prendre le dessus sur le raisonnement séquentiel qui lui est inculqué.

Cela implique une méthode de travail différente et un environnement favorable.

UN ENVIRONNEMENT ADAPTÉ

L'environnement de travail de votre enfant doit, par essence, être riche : un livre en cours de lecture, de la musique, un frigo à visiter, un puzzle à terminer, des énigmes (sudokus, mots croisés) à résoudre, un ordinateur branché...

En somme, une multitude de points d'ancrage vers lesquels votre enfant peut se diriger lorsqu'il a besoin de lever le nez de son travail afin de le rendre plus efficace.

LES CARTES MENTALES

Les cartes mentales peuvent être d'une grande aide, à différents niveaux : pour apprendre une leçon, vérifier qu'elle est sue, la réciter, ou encore pour structurer sa propre pensée.

– Apprendre et réciter

Les parents de Caroline, sept ans, élève en CE2, me disent qu'elle n'a aucune mémoire et qu'elle est incapable d'apprendre une poésie.

En creusant un peu, ils me disent que ce n'est pas tout à fait exact, qu'elle est capable de raconter une histoire que quelqu'un lui a racontée plusieurs semaines auparavant.

Alors ?

Alors Caroline a besoin d'un coup de pouce pour mémoriser quelque chose qui est au départ trop abstrait pour elle comme une poésie. Pour une histoire, la réponse vient d'elle-même : c'est de fait imagé et Caroline l'a enregistrée en associant le récit avec les images qu'il faisait naître dans son esprit.

À vous, parents, de montrer à votre enfant comment construire une carte mentale sur sa poésie par exemple, avec une branche pour chaque rime, sans surtout oublier les dessins qui lui permettront de bien en visualiser le déroulement.

De même pour une leçon, plutôt que d'en faire une fiche, restructurez-la sous forme d'arbre, ce qui permettra ensuite à votre enfant de la restituer plus facilement, en s'y référant dans son esprit.

Corinne, en prépa commerciale, utilisait les cartes mentales au début de ses examens afin de se donner confiance en constatant qu'elle connaissait effectivement bien son sujet. Elle démarrait chaque devoir en construisant une carte de toutes les connaissances qui lui revenaient en rapport avec son sujet.

Elle n'avait plus ensuite qu'à s'y référer pour élaborer son sujet.

– Réfléchir

Noter tout ce qui vient à l'esprit sous forme de carte mentale permet de structurer ses connaissances en rapport avec la réflexion demandée.

Cela fournit alors un support à la réflexion.

Laisser la carte en vue, et ne pas hésiter à lever le nez de son travail afin de le faire aboutir plus efficacement.

LEVER LE NEZ POUR CONSOLIDER LA TRACE MNÉSIQUE

Nous avons déjà vu que lorsque votre enfant lève le nez de son travail cela lui permet de consolider la trace mnésique de ce qu'il vient de lire.

Il lit son cours, regarde par la fenêtre, observe un oiseau, relit son texte et se rend compte qu'il le connaît déjà à peu près.

FAIRE AUTRE CHOSE POUR DÉBLOQUER LA SITUATION

Il peut également faire autre chose lorsqu'il ne trouve pas la solution d'un problème, ou quand il n'arrive pas à achever sa réflexion.

Alors, qu'il lise son énoncé, aille apprendre sa leçon, et commence une autre activité.

Pendant ce temps, son cerveau continuera de réfléchir à la problématique que votre enfant vient de définir comme « prioritaire », et lui « communiquera » ses conclusions le moment venu.

En somme, s'il n'est pas capable de produire son travail immédiatement, s'il ne peut pas le faire, ce n'est pas par mauvaise volonté, fainéantise ou procrastination, c'est juste que ce n'est pas mûr.

Il est dès lors impératif qu'il aille faire autre chose : un autre devoir, un jeu, le tour de son bureau…

Il s'y remettra lorsque ce sera prêt.

À condition, bien sûr, qu'il ait décidé de mettre son projet en priorité, c'est-à-dire de ne pas le laisser passer à la trappe, mais d'y penser en bruit de fond.

La situation se débloquera d'elle-même

lorsque les idées auront mûri, ou à l'approche de l'échéance.

AU DERNIER MOMENT, OU PAS ?

L'approche de l'échéance est le moyen le plus facile pour créer une motivation.

C'est en quelque sorte le bouton qui transmet au cerveau l'ordre de démarrer le processus de réflexion : ne voulant pas être en retard, le cerveau, qui sait quelles informations lui sont nécessaires et de combien de temps il a besoin, réfléchit en arrière-plan et enclenche le démarrage de la réalisation consciente lorsque le moment en est venu.

Tout cela est une image, bien entendu, car il ne s'agit en aucun cas de dédoublement de personnalité, mais cela revient finalement à cela.

Une fois compris, admis et assimilé ce processus, le travail peut continuer ainsi, mais sans le stress et l'angoisse de ne pas terminer à temps qui y étaient auparavant associés.

L'on peut également décider de terminer à un moment que l'on choisit : il suffit dès lors de se le dire (« je veux avoir terminé pour après-demain ») de façon que le mécanisme se déclenche au bon moment.

Qu'il s'agisse d'apprendre ses leçons ou de réfléchir à un problème donné, le mécanisme reste le même : réfléchir sans réfléchir.

Pour cela, il est nécessaire de procurer à votre enfant l'environnement dont il a besoin, et surtout de lui en faire prendre conscience afin qu'il ait confiance en lui et ne soit pas déstabilisé par un processus qui peut lui sembler « magique », et donc incompréhensible et inutilisable.

À vous, à la maison, de l'encadrer, de le rassurer, de lui montrer qu'il en est capable et que c'est de cette façon qu'il réussira.

CHAPITRE XV

À la maison

Votre enfant étant différent, il faut que vous, parents, fassiez table rase des principes éducatifs que vous avez cru devoir appliquer jusqu'ici.

Il est entier et a tendance à prendre pour argent comptant vos paroles, ce qui peut le conduire à argumenter avec vous lorsque vous dérogez à la règle. De ce fait, sa logique est imparable et impose que vous lui montriez un exemple fiable.

Montrer l'exemple

S'il est vrai qu'il faut montrer l'exemple à tous les enfants, ça l'est encore plus fortement pour votre enfant.

Vos principes éducatifs vous ont conduits à adopter des principes : des règles que vous considérez comme justes, et auxquelles vous souhaitez que votre enfant se conforme.

Ce qui n'est pas toujours le cas.

Laure nous parle de sa fille Amandine, sept ans : « Elle est autoritaire, tape son frère et sa sœur, ne supporte pas de ne pas tout contrôler et est tyrannique ; elle impose ses choix sans possibilité d'alternative. »

Regardons ce qui se passe dans le détail. Laure nous explique que, regardant la télévision avec son frère et sa sœur, elle veut avoir la télécommande en main : « D'un coup, elle va monter le son au maximum, refusant de le baisser. Ensuite, elle changera de chaîne sans demander l'avis de personne. »

Entrons dans la logique d'Amandine. Elle monte le son après que son frère et sa sœur se sont mis à parler ensemble. Pour elle, c'est le signe que la télévision ne les intéresse plus. Elle monte d'abord le son pour continuer d'écouter, mais surtout pour leur signifier qu'ils devraient se taire. Puis, voyant qu'ils poursuivent, elle décide de regarder ce qui lui plaît à elle, et donc change de chaîne : rien de plus logique.

Quant à taper son frère et sa sœur. Effectivement, dans la voiture, assise au milieu, son frère commence à se moquer d'elle, elle lui dit d'arrêter, il continue. Alors, elle le tape.

Pourquoi ? Sa mère lui donne des fessées

lorsqu'elle refuse d'écouter. De manière réductrice, la règle est donc la suivante : « Si tu ne fais pas ce que je te dis, je te tape », et Amandine l'applique à la lettre.

Expliquant cela à sa mère, celle-ci me rétorque : « Ce n'est pas pareil ! »

Si, bien sûr : dans la logique d'Amandine. Qui est de la logique pure.

De même Théo, cinq ans, à qui ses parents ont toujours expliqué qu'on ne tapait pas, et qui ne l'ont, eux-mêmes, jamais frappé, Théo, donc, qui refuse de rendre un coup dans la cour. Ses parents essayent de lui expliquer qu'il est des moments où c'est permis. Mais, dans sa logique du tout ou rien, c'est inenvisageable.

Ou encore Gauthier, six ans, qui crache sur sa sœur. Il a vu un copain faire de même sur un autre dans la cour, et ne pas être puni, alors qu'il est persuadé que la maîtresse l'a vu. Comme la règle est encore plus stricte à l'école qu'à la maison, il s'est dit, en toute logique, que c'était permis.

On revient ainsi à ce que disait Coralie à sa maman : « Non, maman, je ne fais pas ce que tu me demandes, car je sais que j'ai raison et que tu as tort. »

Et elle a raison. Dans sa logique. Comme sa maman a également raison. Dans sa logique.

Alors ?

Il vous faut comprendre que votre enfant raisonne de cette façon afin que vous puissiez lui expliquer les règles que vous souhaitez lui voir appliquer, de sorte qu'il y adhère.

Ainsi la maman de Coralie lui a-t-elle expliqué qu'on n'avait jamais raison tout seul, mais à deux (ou plus) : que chacun avait raison de son point de vue et devait prendre en compte le point de vue de l'autre.

De même qu'il vous faut décortiquer la logique de votre enfant, afin de lui donner le bon exemple, tout en lui faisant prendre conscience que les exceptions étaient toujours possibles, et que vous pouviez, comme tout le monde, être faillibles.

Différencier

Différencier veut dire s'adapter à votre enfant.

Certains me disent que ce n'est pas juste pour les autres enfants.

Mais égalitaire ne veut pas dire la même chose pour tous.

Ainsi le père de David : « Ce n'est pas juste pour Aurore. David a besoin d'être sur mes genoux pendant que je leur lis une histoire. À chaque fois. Sinon cela crée des problèmes. »

Ce à quoi son épouse répond que de toute façon Aurore s'en fiche.

Il ne devrait donc pas y avoir de problème. Et on peut également envisager d'expliquer à David que sa sœur peut, elle aussi, de temps en temps être sur les genoux de son père.

Vous adapter implique de tenir compte du fonctionnement particulier de votre enfant, et de ses besoins spécifiques, sans recourir à des interprétations qui sont, la plupart du temps, en sa défaveur.

Quel est le problème si un enfant demande plus d'attention que les autres ?

Que ce n'est pas juste pour eux ? Mais alors si vous « divisez » votre temps en parties égales, ce n'est pas juste non plus pour celui qui a le plus besoin de vous.

Que feriez-vous devant l'un de vos enfants handicapés ? Il demanderait plus d'attention, plus de temps. Serait-ce pour autant inégalitaire ? Non, évidemment.

C'est à cela qu'il faut arriver.

En expliquant aux autres enfants de la fratrie, ou aux cousins, ce dont il retourne.

Expliquer

Vous devez expliquer à votre enfant qu'il fonctionne différemment de ses frères et sœurs, de ses cousins, de ses amis, de ses copains.

Différemment, mais sans que cela veuille dire qu'il serait meilleur ou moins bien qu'eux. Car la différence peut être ténue dans les propos et le choix de vos mots.

Attention donc à la manière dont vous vous exprimez.

Expliquez-le également à sa famille.

Utilisez des comparaisons et des images qu'il puisse comprendre : plus grand, plus petit, blond ou brun, plus grand dans sa tête, qui peut expliquer et qui ne peut pas. Vos enfants ne sont pas « bêtes », ils savent bien percevoir les différences qui existent entre chacun d'eux, même s'ils ne savent pas mettre des mots sur ces différences.

Et vous devez également expliquer à votre enfant le pourquoi de ce que vous lui demandez. En trouvant des arguments auxquels il puisse adhérer.

Sans compréhension, vous aurez le plus grand mal à arriver à quoi que ce soit. Compréhension qui veut dire qu'il intègre dans son système ce dont vous voulez lui faire prendre conscience.

À vous d'être imaginatif, de trouver les bons exemples et les bons arguments. En vous aidant de ses livres ou de ses séries préférés.

Sans vous cantonner à : « Tu vois, Machin de ton livre, il ne met pas les coudes sur la table. » Tant que vous n'ajouterez pas l'explication, votre enfant ne verra pas l'intérêt de s'arrêter.

Quitte à vous en tenir à un « c'est comme ça », que vous aurez explicité en disant quelque chose du genre : « Je ne sais pas pourquoi au juste, mais c'est comme ça que ça se passe dans la réalité. »

Vous pouvez aussi les aider à anticiper, par exemple en leur rappelant ce que vous souhaitez avant de démarrer une activité – « Tu te souviens, à table on se tient bien » – pour l'aider à y penser.

Anticiper

Anticiper, car leur imagination est telle que pour nombre de situations ils vont en premier lieu montrer une réaction de déception.

La mère d'Hélène n'en peut plus de ses colères : « Elle n'est jamais contente. Un cadeau, et elle commence par grogner en disant qu'elle n'en veut pas. Que ce soit un vêtement, ou un jouet. Puis, quelque temps plus tard, elle revient et est finalement ravie. Ce que je fais maintenant, c'est lui demander de me dire merci avant d'ouvrir son paquet. J'ai remarqué qu'ainsi elle râle moins. »

En imagination, Hélène se fait en somme une représentation du cadeau idéal, et elle est donc obligatoirement déçue lorsqu'elle le découvre.

Puis elle adapte son image à la réalité et devient contente.

Anticiper consiste justement à lui faire prendre conscience que tout ne peut pas se passer exactement comme elle l'imagine.

Cela veut également dire lui montrer comment elle fonctionne, c'est-à-dire que à chaque fois elle finit par être contente.

Ce faisant, vous lui apprenez à prendre conscience de son mode de fonctionnement et à en tirer parti.

Carole allant à un anniversaire revient chaque fois en disant que c'était nul, que ses copines ne jouaient pas comme elle l'avait pensé.

À vous encore de lui expliquer la « règle du jeu » de la vie en société, qu'il y a de fortes chances que l'anniversaire ne se déroule pas exactement de manière conforme à ce qu'elle a imaginé, de sorte qu'elle puisse s'y préparer.

Car se préparer est fondamental pour ces enfants, afin qu'ils puissent se faire à l'idée : se faire à l'idée de remettre un pull ou des chaussettes lorsque le froid approche, se faire à l'idée du menu du déjeuner, de la sortie chez les amis, du cadeau… de tout en somme.

Évidemment, tout cela implique une grande disponibilité d'esprit de votre part.

Tolérance, indulgence, compréhension

Tolérance, indulgence et compréhension sont les maîtres mots de votre attitude face à votre enfant neurodroitier.

Compréhension d'abord, afin de connaître et comprendre la façon dont il fonctionne.

En soi, si vous êtes un tant soit peu observateur, il y a de grandes chances que vous sachiez déjà tout ce que je vous dis. Sans mettre les mêmes mots.

Parfois en interprétant malheureusement à l'aune de ce que cela voudrait probablement dire pour un autre enfant.

Car la loi du plus grand nombre conduit inexorablement à plaquer des étiquettes négatives sur des attitudes qui n'en sont finalement pas le reflet.

Écoutez la tristesse et le désarroi de ce jeune adulte qui se souvient des réactions de ses copains de classe : « Enfant, mes parents me faisaient faire un certain nombre d'activités. Quand je revenais à l'école, j'avais envie de partager ça avec mes copains. Un jour je leur disais que j'avais fait un match de tennis, un autre jour de la peinture, remporté un concours hippique… Au début, ils ne disaient rien, mais très vite ils me traitaient de sale prétentieux qui n'avait d'autre plaisir que d'étaler. Je ne me suis jamais senti prétentieux. J'étais juste content. »

Prétentieux, arriviste, « je-m'en-foutiste », fainéant, provocateur, « je sais tout », insolent, arrogant, « ne fait rien »… Autant de qualificatifs que votre enfant risque d'entendre, mais qui sont tellement loin de sa personnalité, tout ce qu'il fait donnant le sentiment d'être toujours interprété de manière erronée.

Y compris par ses propres parents qui n'en peuvent plus d'incompréhension, d'échec de leur éducation et qui voient leur enfant finalement s'éloigner d'eux.

La mère d'Alexis, huit ans, est en larmes dans mon bureau : « Il est méchant, manipulateur et machiavélique. Il fait des crises de plus en plus fréquentes. Je pensais que ça passerait en grandissant, mais c'est de mal en pis. J'avoue qu'autant sa sœur me manque lorsqu'elle n'est pas là, autant lui, je n'en peux plus ! »

Quels mots durs dans la bouche d'une maman. Que je comprends d'ailleurs. Comme je comprends les sentiments qu'elle éprouve.

Mais n'oublions pas, n'oubliez jamais, que vous vous trouvez face à un enfant. Et qu'un enfant, sauf en de rares exceptions, n'est pas méchant ni machiavélique, ni rien de tout cela. Qu'il soit turbulent, dissipé, n'écoute pas et n'obéisse pas, certes. Méchant, jamais.

Car c'est vous qui interprétez son comportement en fonction de ce qu'il voudrait dire si c'était celui d'un adulte, oubliant par là que votre enfant est guidé par ses émotions, et que s'il montre une attitude négative, c'est que quelque chose à l'intérieur de lui fait mal. Ce n'est pas volontaire.

Alors, à vous d'être indulgent, de croire à ses évidences, de chercher ce qui provoque cela et de le lui expliquer afin de le faire disparaître.

Et surtout, faites-lui confiance afin de vous-même lâcher prise.

Confiance et lâcher prise

Faites-lui confiance, car finalement si vous savez l'accompagner, il saura rebondir et retomber sur ses pattes.

Prenez conscience que, bon an, mal an, il fait et apprend ce qu'il est censé faire.

Ce qui nous conduit directement à la conséquence : vous pouvez donc arrêter d'être en permanence après lui.

Attention, je ne veux pas dire qu'il faille que vous tombiez dans l'extrême du laxisme. Simplement, une fois que vous lui avez expliqué et fait comprendre le pourquoi des choses, vous pouvez faire confiance à son cerveau pour qu'il le mette en place.

Et cela fonctionnera d'autant mieux que vous lâcherez prise.

N'avez-vous pas remarqué que plus vous êtes là à l'asticoter, moins ça fonctionne ?

La maman d'Isabelle, quatre ans, a annoncé un matin qu'elle ne voulait plus entendre parler du sommeil de sa fille : « Je ne veux plus qu'on lui demande si elle a bien dormi, ni si la nuit s'est bien passée. Désormais, je refuse que ce soit un problème ! »

Jusque-là, Isabelle pouvait aussi bien dormir d'une traite que se réveiller au milieu de la nuit et appeler sa maman, ou se réveiller trop tôt les jours où il n'y avait pas école. Sa maman me disait avoir tout essayé : ne pas aller la voir la nuit, lui donner comme consigne de ne pas appeler tant qu'elle n'entendait pas les bruits de préparation du petit déjeuner, et chaque soir elle le lui rappelait.

Du jour où elle a cessé tout cela, Isabelle a bien dormi, sans déroger aux règles.

Un bon moyen pour vous de lâcher prise revient encore une fois à vous adapter à sa personnalité : occupez votre enfant avec des activités qu'il aime et vous verrez qu'il n'en sera finalement que plus calme.

Nourrir sa curiosité

L'enfant neurodroitier montre par essence une personnalité curieuse de tout et ouverte à toutes les nouveautés.

Vous vous devez de nourrir sa curiosité.

On lit parfois que l'on doit apprendre à nos enfants à s'ennuyer : bien sûr que non ! mais leur apprendre à s'occuper, oui.

Que l'occupation consiste en rêvasseries ou activités effectives d'ailleurs.

Nourrir sa curiosité implique encore une fois une grande disponibilité de votre part. Proposez-lui d'aller se promener, de visiter un musée, d'aller faire du patin à roulettes, du vélo, de se promener en forêt, d'aller observer les bateaux, d'aller au zoo, au concert, à un loto musical, un atelier de poterie...

Ou, en restant chez vous, laissez-le se transformer en « chef » de restaurant, faire un herbier, de la pâte à modeler (à cuire, à manger, ou à tripoter), fabriquer des objets, jouer avec ses voitures, ses poupées, son cirque... Pour ce faire, parlez-lui de tout et de rien, expliquez-lui tout et n'importe quoi, du massage à la cuisine en passant par le bricolage, le jardinage et la philosophie.

À vous d'être créatif (aidez-vous en consultant les sites Internet pour les enfants) et de lui fournir la matière (jeux, jouets et matériaux pour les activités créatrices) afin de ne pas le laisser désœuvré.

Vous pouvez évidemment l'inscrire à des activités, tout en gardant bien présent à l'esprit que, pour lui, l'environnement est aussi important, sinon plus, que l'activité elle-même. Il est alors possible (mais pas obligatoire) qu'il vous demande d'arrêter en cours d'année : il y aura fort à parier que l'ambiance lui pose problème.

De même, gardez à l'esprit qu'il va vite au bout des choses et qu'il a besoin d'enrichissement permanent, ce qui peut le conduire (ce n'est pas de la dispersion ni de l'inconstance) à changer fréquemment d'activités, passant une année du tennis au football, de la danse au ju-jitsu, etc.

Laissez-le faire, sans jugement, et dites-vous que c'est son équilibre qui est en jeu. De plus, cela lui permet de s'ouvrir aux autres en agrandissant son cercle d'amis.

Mais attention, nourrir sa curiosité et ne pas le laisser désœuvré, cela ne veut pas dire le submerger d'activités : peut-être plus qu'un autre enfant, il a besoin de souffler, se poser (ne serait-ce que pour réfléchir intuitivement) et se reposer.

L'aider à s'arrêter, à ne faire qu'une chose à la fois

Ne faire qu'une chose à la fois ne veut pas dire contraindre votre enfant à fonctionner contre nature. Cela n'a pour but que de l'aider à aller au bout de tâches qu'il doit mener à bien, comme s'habiller, écrire…

Aidez-vous de la visualisation et des chansons, et transformez chaque activité en jeu, à la manière de Mary Poppins qui apprend aux enfants à ranger leur chambre en chantant : utilisez leur imagination, qu'ils ont débordante, et rendez leur vie plus facile.

Pensez chaque jour à mettre en place ce que les enseignants appellent le « temps calme », au travers d'une activité qui leur permette de se poser.

En effet, étant curieux de tout, votre enfant ne sait pas se poser : il donne l'impression de passer d'une activité à une autre sans jamais s'arrêter. Nous l'avons vu, c'est son mode de fonctionnement. Mais il a également besoin de cesser de « butiner » pour permettre à son cerveau de digérer tout ce qu'il vient de faire ainsi que pour mûrir ses pensées.

Lorsqu'il ne peut plus s'arrêter, dans ce que la maman d'Alexis appelait les « crises », la meilleure solution est encore de le prendre, de force s'il le faut, dans vos bras. Il sentira, d'une part, que vous ne le rejetez pas et, d'autre part, cela l'obligera à s'arrêter.

Sinon, s'il est trop grand pour cela, laissez-le se calmer seul, et revenez vers lui ensuite, sans reproches, en essayant de comprendre sa logique afin de la lui expliquer.

Finalement, le tout est de savoir jongler avec mesure entre les extrêmes : trop peu d'activités nuira à sa curiosité, trop à son équilibre et à ses relations avec ses amis. La clef est de l'observer, et pour cela, vous êtes le mieux placé, afin de l'accompagner dans son chemin, en le socialisant à bon escient.

CHAPITRE XVI

Les copains

Pour les enfants, l'école réunit ce que nous, adultes, pouvons séparer : le travail, les amis, les loisirs. Pour nombre de nos enfants, ces trois compartiments de vie se font avec les mêmes personnes.

D'où l'importance accentuée, et même vitale, que votre enfant soit intégré dans le groupe.

Ce qui implique pour lui un petit exercice de jonglage : faire comme eux, mais à sa manière.

Le laisser faire à sa manière

Les enfants, petits, savent d'instinct, et c'est encore plus vrai pour un neurodroitier, comment se comporter dans le groupe. Leur intuition les guide, car ils ne sont pas encore embarrassés des filtres que nous adultes avons mis en place en fonction de l'influence sociale.

Faites donc confiance à votre enfant et laissez-le agir à sa manière

La directrice parlant de Clémentine à sa maman qui s'inquiétait que sa fille se mettait parfois à bêtifier : « Elle fait sa bébête avec ses copines, mais laissez-la faire. Elle sait bien ce qu'elle fait, et ainsi elle s'intègre au groupe. »

Par contre, soyez attentif à ce que votre enfant n'aliène pas sa personnalité, qu'il ne cherche pas à ressembler à ses copains et copines alors que ce ne sont pas ses goûts.

De même, faites-lui confiance dans la manière dont il parle avec eux, et laissez-le parler de la pluie et du beau temps, des petits événements et anecdotes qui lui arrivent, plutôt que de ce qu'il fait.

Petits, les enfants parlent ainsi spontanément. En grandissant, ils peuvent perdre cet aspect au profit de conversations qu'ils jugent plus intéressantes, mais qui risquent de froisser leurs amis.

En effet, curieux de tout, votre enfant pourra déborder d'activités et aura envie de les raconter, juste parce qu'il est content de les avoir faites. Mais les autres, jugeant à l'aune de leur personnalité, et n'en faisant pas autant, risquent de penser qu'il s'agit uniquement d'étalage.

Ce que me disait Jérôme, vingt ans : « À l'école, j'ai fini par être seul. Les copains me disaient sans cesse que j'étais prétentieux, que je cherchais à les écraser. En fait, je ne faisais que raconter ce que je faisais en dehors de l'école. »

Il a fini par se refermer sur lui-même, se taire et s'isoler.

Ou encore Claire, quatre ans : « Non, papa, je ne raconterai pas aux copines que nous sommes allés voir les dragons au Nouvel An chinois, elles ne me croiront pas. »

Se taire n'est certainement pas la solution, car elle risque de provoquer repli, frustration, sentiment d'incompréhension…

Alors ?

Expliquez-lui les différences, invitez régulièrement ses copains et ses copines à venir à la maison et mettez les enseignants à contribution pour servir en quelque sorte de relais.

Utiliser les enseignants

Les enfants aiment à partager leurs découvertes avec les autres en apportant en classe des objets qu'ils ont trouvés (châtaignes, coquillages), des livres qu'ils aiment, des animaux ou le leur, des musiques...

Profitez de cette possibilité pour que votre enfant puisse exprimer son plaisir d'avoir fait une activité sans avoir à craindre les réactions de ses pairs.

Claire a apporté à l'école les « fortune cookies », petits gâteaux fourrés d'une maxime chinoise, ainsi qu'un article de journal sur le Nouvel An chinois. Ainsi, les copains ne peuvent pas lui dire que les dragons n'existent pas.

Christian a, quant à lui, fait un exposé sur le Texas, alors que Clara lui disait dans la cour que ce n'était pas vrai qu'il avait vu des cow-boys. Il a ainsi pu expliquer et apprendre aux autres ce qu'il avait aimé.

Ce faisant, encore une fois, soyez attentif au discours que vous utilisez afin de ne pas risquer de rendre votre enfant prétentieux ou qu'il se sente supérieur aux autres.

Si malgré tout vous sentez que votre enfant n'est pas à l'aise à l'école, faites en sorte de lui trouver d'autres amis, en dehors.

Des projets à lui et des activités propres

Il ne s'agit pas là de cultiver sa différence pour le plaisir, mais de trouver des activités, ou des projets à sa portée et où il se sente bien.

Ce n'est pas forcément ce qui vous viendra spontanément à l'esprit, comme la danse ou le football, car il se retrouvera avec ses pairs, avec qui il a au contraire besoin de prendre de la distance.

Pensez à des activités différentes : cycle de conférences sur l'archéologie, vacances scientifiques, découvertes de la musique…

Quitte à faire participer ses copains et ses copines le cas échéant.

C'est ce que fit la maman de Christelle, quatre ans, en emmenant avec elles à la Cité de la musique, pour un cache-cache musical, deux de ses copines. Cela leur a permis de découvrir l'univers de Christelle, et de se rapprocher.

Car, ne l'oubliez pas, le but, s'il est d'avoir des amis, où qu'ils se trouvent, est également d'être intégré au groupe.

Ce qui nécessite de comprendre sa logique et ses règles pour décider, ou non, de les suivre, et en tout cas ne plus systématiquement penser avoir tort.

Les autres, mode d'emploi

Votre enfant et ses copains fonctionnent différemment.

Vous savez maintenant comment fonctionne votre enfant.

À vous de lui expliquer comment fonctionnent les autres.

Pour cela, vous pouvez les observer et les lui décrire. Et vous pouvez également vous appuyer sur ses réflexions pour rebondir, lui en tirer une espèce de « règle » qu'il suivra ou non, mais en connaissance de cause. Choisissant de se comporter d'une manière ou d'une autre, et ne subissant plus l'influence des autres, il ne se sentira plus dévalorisé ni systématiquement pris en défaut.

C'est ce que fit par exemple la maman de Sacha, six ans, à qui un copain avait raconté que sa maison avait brûlé et qu'il habitait donc désormais dans un château. Il en était tellement convaincu qu'elle commença donc par faire semblant de le croire. Puis elle s'arrangea pour passer devant la maison dudit copain, qui bien sûr n'avait pas brûlé. Sacha tout désappointé lui fit tout un discours dont la conclusion était qu'il exigerait des excuses pour ce mensonge. Ce sur quoi sa maman rebondit pour lui expliquer que les copains avaient parfois envie de se

« faire mousser », que ce n'était pas vraiment des mensonges, et qu'ils faisaient souvent cela. Puis elle ajouta qu'il n'était pas obligé de faire pareil, mais qu'au moins désormais il saurait comment ils fonctionnent.

Derrière cet exemple se cache la confiance absolue qu'accorde votre enfant aux autres : il croit les autres et ce qu'ils peuvent lui dire. Une fois adultes, nombre de ces enfants neurodroitiers me disent qu'ils se font souvent taxer de « naïveté » : ce n'en est pas, mais au contraire une qualité fondamentale, celle de faire confiance aux autres.

Par contre, à vous de lui apprendre également le discernement, et le recul.

Le recul, c'est également de ne pas vouloir calquer sur leurs attitudes celles de votre enfant.

Tel le papa de Geoffrey, neuf ans, inquiet de ne pas voir son fils inviter des amis chaque jour de congé : « Je vois les autres enfants, chaque mercredi et chaque samedi, ils s'invitent les uns les autres, alors je me force à faire pareil, afin que Geoffrey ne soit pas sur la touche ! »

Bonne idée d'inviter les amis, à votre rythme et à celui de votre enfant. Car n'oubliez pas qu'il a également besoin de souffler et de s'adonner à ses propres passe-temps, seul, sans ses amis.

Ce qui, d'une bonne idée, devient une mauvaise idée.

À l'inverse, la maman de Dorothée, ayant constaté que sa fille n'était pas invitée très souvent, décida de ne plus inviter de copines, afin que Dorothée ne se sente pas exclue : « Vous comprenez, chaque fois que j'invitais des copines, elles papotaient ensemble, laissant un peu ma fille de côté. »

Oui, mais sa fille a besoin de ses copines. Alors, forcez-vous à les inviter, peut-être une par une au départ, afin de ne pas constituer de « clans », pour ensuite élargir à plusieurs.

Et ne généralisez pas les comportements des autres, ne les interprétez pas de manière négative. Gardez présent à l'esprit que votre enfant est différent, aussi est-ce normal qu'il se comporte différemment.

À la maman de Vincent, quatorze ans, qui me disait que son fils manquait de confiance en lui parce qu'il restait à écouter sa bande de copains, je fis la remarque suivante, que certains étaient plus moteurs que d'autres, que certains étaient plus boute-en-train que d'autres, que certains étaient plus extravertis que d'autres… que la clef en somme consistait à savoir si son fils souffrait de ses silences, ou pas. Lorsque je lui posai la question, il me répondit qu'il pouvait sans problème leur parler (qu'il n'avait donc pas peur), mais qu'il n'en voyait pas l'intérêt, que cela lui suffisait de les écouter, et qu'il se sentait tout à fait intégré dans le groupe ainsi.

Pour connaître les autres, observez les amis de votre enfant, et décodez-les-lui afin de lui expliquer qui ils sont. Et laissez-le ensuite décider de sa conduite envers eux.

La clef réside comme toujours dans la « voie du milieu », à savoir adapter votre position en fonction de vous, votre enfant et les autres.

La maison, l'école, les copains, et vous les parents. Vous qui êtes l'élément le plus important de l'ensemble. Vous qui connaissez votre enfant, qui devez être là pour lui. Qui, apprenant à le comprendre, pouvez à votre tour lui apprendre qui il est, avec vos mots et les siens.

Lui apprenant qui il est, vous pouvez alors lui apprendre ce que sont les autres, depuis vous-mêmes et sa famille, à ses enseignants et ses copains, et comment ils fonctionnent.

Partant, vous pouvez lui apprendre à jeter des ponts avec eux, à sa manière à lui, sans perdre de sa spontanéité, de sa personnalité, et en affirmant son caractère.

Vous pouvez lui apprendre à se faire confiance, et à continuer de faire confiance aux autres, avec discernement.

Vous pouvez lui apprendre à réussir sa scolarité et sa vie sociale.

À sa manière, à son rythme et en suivant le chemin qui est le sien.

Tout cela n'est finalement pas si difficile, ni si compliqué. Par contre, cela nécessite du temps, de l'énergie, mais surtout de la disponibilité de votre part, et une implication de tous les instants.

Pour penser en permanence à sa différence, à ne pas attribuer ses attitudes à des bases inexactes, à lui apprendre à se comporter avec vous et les autres.

Rassurez-vous, tous y parviennent, le plus important étant de comprendre votre enfant, afin d'assumer sa différence et d'en tirer parti.

CHAPITRE XVII

Ils nous racontent à nouveau

Tout ce que vous venez de lire, je l'utilise bien entendu avec les personnes que je reçois.

Que de fois me disent-elles avoir l'impression de s'entendre parler, alors qu'elles découvrent les témoignages de leurs semblables !

Aussi ai-je choisi de terminer ce livre par leurs témoignages, car c'est, me disent-elles, au-delà de toutes les explications, toujours le plus parlant.

Anne-Sophie, vingt-trois ans. « Pour moi, l'épreuve de culture générale est une horreur : on nous donne une grille d'interprétation qui est censée s'appliquer à chacun des sujets qu'on nous propose. Je la triturais dans tous les sens, j'essayais de la faire coller, et plus je m'escrimais, moins ça marchait. J'ai accepté de laisser faire. Étant entendu que depuis qu'on nous la rabâchait, je l'avais intériorisée, et bien intégrée. Elle était donc sous-entendue dans toute ma manière de réfléchir. J'ai mis toutes les idées qui me venaient sur un bout de papier, chacune sur son propre papier, comme autant de morceaux d'un puzzle que je ne voyais pas encore. Pour cela, je me suis imaginée avec mes amis, en train d'argumenter sur mon sujet. ça, je sais le faire. J'ai donc obtenu tous mes morceaux de puzzle. Il y en avait partout sur mon bureau. À ce moment, je les ai juste regardés. Sans rien faire d'autre. Et d'un coup, ça a fait "plop". Je tenais mon fil conducteur. J'ai pris ma copie, et j'ai gratté.

Je vérifiais juste de temps en temps que j'utilisais bien mes morceaux.

Au final ? J'ai réussi cette épreuve qu'avant je ne démarrais même pas, et j'ai été reçue au concours de la magistrature. »

La maman de Clémentine, cinq ans. « Ma fille se lamentait de voir que ses copines savaient lire (ce n'était d'ailleurs pas le cas, elles ne faisaient que raconter une histoire en faisant semblant de la lire). Je lui avais offert un livre sur l'alphabet, et un jour, je la trouve en train de le regarder. Il y a des exemples de mots en majuscule, en script et en attaché. Si je sais qu'elle connaît toutes ses majuscules, elle ne connaît pas encore toutes les petites lettres. Eh bien, je l'ai entendu déchiffrer le mot "panier" en attaché, sans y faire attention. Lorsque je le lui ai fait remarquer, elle ne m'a pas crue. On a essayé avec la visualisation. Et tout de suite, elle m'a épelé les bonnes lettres : elle n'en revenait pas elle-même ! »

Justine, dix-huit ans. « En situation d'examen, j'étais souvent bloquée, dans ma tête, parce que le sujet ne m'intéressait pas, et matériellement, car je ne pouvais pas me lever. Je demandai une fois ou deux d'aller aux toilettes, mais ça n'était pas suffisant.

Chez moi, lorsque je réfléchis, je me mets à marcher, à tourner autour de la table. Pendant ce temps, mes idées se mettent en place.

À partir du moment où je me suis mise à m'imaginer à la maison, en train de marcher, mon cerveau s'est débloqué. »

Mathilde, vingt-sept ans. « J'ai repris des cours du soir au CNAM. Avant, je préparais mes examens au dernier moment, dans le stress et avec angoisse. J'avais beau me raisonner, et vouloir m'y mettre à l'avance, rien n'y faisait.

Je sais désormais comment je fonctionne :

je sais que l'approche de l'échéance est le bouton qui déclenche ma motivation, et j'ai aussi pris conscience que je réussissais mes examens. Maintenant, je ne me mets aux révisions que deux jours avant, sans stresser. C'est impressionnant ce que ça marche. Mes résultats sont encore meilleurs, et je suis détendue : c'est magique ! »

La maman d'Alexis, huit ans, qui faisait ses « crises de colère ». « À partir du moment où j'ai compris que tout ce qu'il faisait était le résultat de sa logique propre, tout a été mieux très vite. Dès sa colère suivante (il était persuadé que sa sœur avait tripoté son lecteur MP3) je lui ai dit qu'il avait raison dans sa logique, mais qu'il était également possible qu'il se soit trompé. Cela a fonctionné et il s'est arrêté. »

À mon sens, la clef la plus importante et la plus efficace est la connaissance : connaissance de ces mécanismes particuliers qui président au fonctionnement de votre enfant.

C'est elle qui, même si elle peut faire peur dans un premier temps, ouvre les portes de son épanouissement et de la libération de son potentiel.

CONCLUSION

Vous aviez rêvé d'un enfant, vous l'aviez peut-être même imaginé.

Et, comme chaque parent, vous en avez un qui ne ressemble que de très loin à votre image, un enfant singulier, avec son caractère et sa personnalité, ses goûts et ses envies, un enfant à qui vous vous devez de vous adapter.

Oui mais, en plus de tout cela, votre enfant est « autre », différent de ses frères et sœurs, de ses cousins, encore plus différent de l'image que vous vous en faisiez.

Et vous aviez beau essayer d'appliquer les principes que vous pensiez adaptés, et que vous utilisiez avec d'autres enfants, rien n'y faisait.

Rien n'y faisait, car vous aviez omis de prendre en compte l'élément majeur de l'équation : sa singularité.

Maintenant, c'est chose faite.

Vous savez non seulement que votre enfant est différent, mais vous connaissez ses particularités. Vous savez comment il fonctionne.

Et vous pouvez enfin l'aider à tracer son chemin pour trouver sa place dans le monde qui l'entoure.

Car, depuis qu'il est né, votre enfant ne demande que cela : être bien dans son univers.

Un univers finalement pas si éloigné du vôtre.

Sensible, curieux de tout, actif, débordant d'imagination, c'est avant tout un enfant attachant qui sait, qui saura, se faire aimer des autres.

Un enfant riche en contrastes, voire en apparentes contradictions, qui peut sembler cyclique dans ses humeurs : un moment charmant, le suivant agaçant.

Un enfant qui peut d'un coup basculer dans une colère, voire une rage noire, lorsque les événements ne cadrent plus avec sa logique.

Une logique manichéenne qu'il vous appartient de lui apprendre à nuancer, en lui faisant prendre conscience des règles de la vie en communauté.

Car c'est effectivement à vous, ses parents, qu'échoit le rôle le plus important, mais également le plus demandeur d'énergie et de disponibilité : celui de l'accompagner.

Non pas de le faire changer, en le faisant fonctionner contre sa nature.

Mais bien de l'accompagner, en lui apprenant à se connaître, à connaître les autres, et à tirer parti de son fonctionnement, ce fonctionnement si particulier et pourtant si efficace.

Car enfin, être capable de réfléchir sans réfléchir, tout en menant à bien dans le même temps un autre projet, correspond à une efficacité redoutable.

Certains l'ont parfaitement compris, pour qui, après l'âge d'or du cerveau gauche, c'est celui du cerveau droit qui débute. En effet, le raisonnement global est particulièrement adapté au monde technologique qui est désormais le nôtre, et qui est un monde d'images, un monde visuel, où la simultanéité a supplanté le séquentiel. L'ordinateur est ainsi devenu visuel, global et multitâches.

Donc autant d'atouts dont dispose naturellement votre enfant pour faire sa place dans l'univers professionnel qui sera le sien.

Contrairement à tous les adultes que je reçois et pour qui les relations aux autres sont difficiles, du fait de cette différence qu'ils ignoraient jusqu'alors, votre enfant ne connaîtra pas cette difficulté, car vous avez aujourd'hui en main tous les atouts pour la lui faire contourner.

Vous êtes désormais capable de l'aider à suivre son chemin, de manière sereine et adaptée, pour en faire un adulte équilibré et confiant.

Alors, haut les cœurs, mais ne brûlez pas les étapes et n'oubliez pas de profiter des moments exceptionnels que vous pouvez passer avec votre enfant.

POUR EN SAVOIR PLUS

Livres de Béatrice Millêtre :

Petit guide à l'usage des gens intelligents qui ne se trouvent pas très doués, Paris, Payot, 2007.

« Faire confiance à son intuition », *in* C. André (dir.), *Secrets de psys. Ce qu'il faut savoir pour aller bien*, Paris, Odile Jacob, 2011.

« Non je ne suis pas une mère parfaite », in *ibid.*

Le livre des bonnes questions à se poser pour avancer dans la vie, Paris, Payot, 2010.

Petit atelier de mieux être au travail pour salariés de tous horizons, Paris, First, 2010.

Prendre la vie du bon côté. Pratiques du bien-être mental, Paris, Odile Jacob, 2009.

Bien avec soi-même, bien avec les autres, Paris, Payot, 2008.

J'éveille mon bébé, Paris, Odile Jacob, 2005.

Bébé s'éveille, Paris, Gründ, 1995.

Des lectures stimulantes pour les parents :

D'une manière générale, je vous conseille tout ce qui « emballe » l'imaginaire. Piochez dans les livres de votre enfance, quand tout n'était pas empreint de messages éducatifs.

Et d'abord, les livres de Mary Poppins, écrits par Pamela Lyndon-Travers, qui offrent de merveilleuses idées d'histoires à raconter et d'activités à pratiquer. Voyez par exemple *Mary Poppins* (Livre de Poche, 2008) et *Le Retour de Mary Poppins* (Éditions du Rocher, 2010).

Stephen Munes, *Comment devenir parfait en trois jours*, Paris, Ragest, 2006.

Les livres de Roald Dahl chez Gallimard/Folio Junior, par exemple *La Potion magique de Georges Bouillon* ou *Charlie et le grand ascenseur de verre*.

Les *Fifi Brindacier*, d'Astrid Lindgren, sont une mine d'imagination. L'intégrale de ses aventures a été publiée en 2007 par Hachette Jeunesse, mais on peut aussi les voir en DVD.

Les contes et légendes de tous les pays sont d'une grande richesse. Les Éditions Gründ en proposent une quantité impressionnante.

Livres d'autres auteurs :

Antoine de la Garanderie, Geneviève Cattan, *Tous les enfants peuvent réussir*, Paris, Marabout, 1988.

Antoine de la Garanderie, *Le Dialogue pédagogique avec l'élève*, Paris, Centurion, 1982.

Lucien Israël, *Cerveau droit, cerveau gauche. Culture et civilisation*, Paris, Plon, 1995.

Barbara Meister Vitale, *Unicorns Are Real. A Right Brained Approach to Learning*, New York, Warner Books, 1982.

Daniel Pink, *L'Homme aux deux cerveaux*, Paris, Robert Laffont, 2007.

Sites Internet :

- Sur les neurodroitiers :

➢ www.penser-autrement.net

➢ http://tempsreel.nouvelobs.com/videos/index_recherche.php

➢ http://fr.wikipedia.org : article sur l'asymétrie cérébrale.

➢ Utiliser votre moteur de recherche avec « visual spatial » ou « right brained », vous obtiendrez de nombreuses ressources (en anglais).

- Sur les cartes mentales :

➢ http://learninglab.etwinning.net/web/mindmapping/

➢ http://www.mindmanagement.org/spip.php?article596

➢ http://www.annabac.com/parcoursphilo.php : cartes mentales de sujets de philo.

➢ http://lewebpedagogique.com/litterae/tag/poesie/

- Pour des mathématiques visuelles :

➢ http://www.dimensions-math.org : un excellent film gratuit, transcrivant visuellement de nombreuses notions mathématiques.

➢ http://www.defimath.ca

➢ http://www.visualmathlearning.com/

➢ http://www.mathematiquesfaciles.com/

TABLE

TROISIÈME PARTIE
Les règles du « jeu »

Composition et mise en pages : FACOMPO, LISIEUX

IMPRIM'VERT®

Achevé d'imprimer
en avril 2015
par Corlet imprimeur
14110 Condé-sur-Noireau

Dépôt légal : Février 2011
N° d'Imprimeur : 172780
Imprimé en France